JN097816

これからの算数科教育はどうあるべきか

編著　清水美憲／池田敏和／齊藤一弥

東洋館出版社

これからの算数科教育は
どうあるべきか

学習指導要領が全面実施されて3年半。この間，コロナ禍などの困難に直面し，学校現場も大きく変わってきた。

その中で，改めて今，授業づくりはどうなっているのかを考える契機が来たと考える。学習指導要領の趣旨は現場に浸透しているのか。授業はどう変わっていったのか，また変わっていないのか。

算数科教育の現在地はどこにあるのか，そしてこれからどこへ向かうべきか。本書では，現在の課題とその解決方法を明らかにし，学習指導要領が目指す授業づくりとその未来を提案する。

清水美憲
（筑波大学）

齊藤一弥
（島根県立大学）

池田敏和
（横浜国立大学）

齊藤　現行学習指導要領が全面実施されてから３年半が経ちました。この間，様々な授業改善が取り組まれてきました。そのような中で，例えば，現行学習指導要領では初めて領域の改編がありましたが，そのことについて学校現場ではあまり関心が高くないように思われます。お二人は，そのあたりについてどう思われますか。

池田　これまであった「数量関係」がなくなり，いろいろな試みがあるかなと思いますが，公立の小学校では図形の面積などは，これまでと指導は変わっていなかったりしますね。

齊藤　例えば「量と測定」が下学年では「測定」になって，上学年では求積や単位量あたりの大きさなどがそれぞれ「図形」と「変化と関係」に移動しています。これらは，今回の改訂の目玉である「数学的な見方・考え方」を基軸にして領域ごとに整理整頓されたはずです。そのように考えますともっと思いきって指導のあり方が変わってもいいはずですが，なかなかそのようにはなっていません。これはこれまでのコンテンツベイスでの単元の捉え方があるからでしょうか。

清水　本来は「内容が今まで通りだ」とか「変わった」とかではなく，根本的に**領域自体が数学的な見方・考え方の働きという観点から整理されたことが一番大事**です。そういう立場で教材研究が進んでいるかというところは分かりにくいですね。

齊藤　よく言われるのは「領域が変わっても授業は変わらなくていいのですか」とか，その逆で「領域が変わったってやっていることは同じではないですか」とか，教材や課題をいかに設定するのかという話として処理されてしまいがちです。しかし，今，それぞれの領域に位置づいた内容はこれまでどのように捉えてきたのか，そしてこれからどう捉えていくのかというのを再確認して，今回の「領域変更」や「領域新設」の趣旨をもう一度考えていかないといけないのではないでしょうか。

池田　例えば，図形領域では，図形の構成要素に着目するところから，

構成要素の相等関係が等しいかどうかに着目するとか，位置関係に着目して捉えると，今度は構成要素間の数量関係を捉えるのが一連の流れで来ています。その辺の見方・考え方が成長したあたりで，量的な関係自体も考察の対象になってくることを考えるとごく自然なので，言い方を変えると，そういう**見方・考え方がどう成長してきたかを，どう授業の中で見える化していくかが大切**です。

齊藤　あとは学年を注視することも大切ですね。**下学年からどのように数学的な見方・考え方が成長していくかということに関心をもちたい**ですね。領域変更で内容が整理整頓されたこと，内容の位置付けが変わったことに対して，数学的な見方・考え方の成長という視点から捉え直していくことが必要だと思います。

清水　もう一つは，小と中の学校種を超えた連携が今までよりもっと強くなるという効果も期待されています。新設された「変化と関係」領域は関数領域に直接つながっており，比例なども各学校段階で，それぞれの見方・考え方で押さえられ，その見方・考え方自体が鍛えられていくという，縦のつながりが強化されました。

齊藤　「変化と関係」で言えば，これまでの数量関係の中身が分かりやすく整頓されたのではないかと思います。しかし，学校現場ではまだ比例は比例，単位量は単位量として独立していて，領域にはそれぞれが寄り集まってきたものという捉え方が強いようです。

　「変化と関係」という二つの視点が，それぞれがどのような意味合いをもっているのかに関心を置きたいです。「変化」という視点からすれば，変化と対応に着目して**比例を中心として，関数の考えを生かした問**

題解決をしていくことにつながっていくことを確認することが大切です。そのように領域で内容をつないでいることに目を向けていくことの価値が見えるようにしたわけです。

　一方，「関係」では，割合とか比とか，関係概念をしっかりと育成していくことを目指しています。学年が上がるに従ってより確かなものに，より関係性が見えた表現にしていく，そしてそれが中学校につながるのだということが分かるようになっているのですが，残念ながらそこまで見切れていないところがあるかもしれません。

清水　もともと人間がものを数学的に把握するときの眼鏡は何かという話で，OECD・PISAではQuantity（数や量），Space and Shape（空間や形），そしてChange and Relationships（変化と関係），Uncertainty（不確実性）と，四つに分けていたのに，中学校の学習指導要領はほぼ対応していました。そして，小学校も高学年では同じように整理されたと思っています。

池田　どちらかというと，これまで小学校は小学校，中学校は中学校，高校は高校であったのが，米国のスタンダードのように，小から高まで一本で筋を通していく流れにはなっているし，今回の「日常の数学化」やPISAの4領域も，現象を考察する際の領域として位置づけられています。

「数と計算」に式指導が入った意図

齊藤　そのような中で，今回は「数と計算」の中に「式指導」が入りました。これまでは「数量関係」に位置づいていたものが，「数と計算」の中に入れたことによって，式の働きや役割を指導することの意味がより明確になりました。もちろん，教科書などでの取り扱いも含めてですが，「数と計算」の中に位置づいた式指導のありようについてもはっきりとその方向性が見えてきていないように思います。

池田　この間，授業研究があって分数のわり算でしたが，「$\frac{1}{4}$メートル

が$\frac{2}{5}$キログラムのとき，１メートルはいくらでしょう」という，よくある問題です。式を立てると，わり算ですから$\frac{2}{5} \div \frac{1}{4}$の式を期待しているのですが，子供たちはわり算ではなく，$\frac{2}{5} \times 4$と４倍するわけです。

　もちろん，これはわり算だと主張する子もいて，どちらが正しいのかと聞いたら，$\frac{1}{4}$だから４倍で１になって，こちらでいいじゃないかとなり，最後は式とは何だろうということを改めて問われる感じになったのです。文章題という場面に対応すると，確かにわり算の式になるのですが，子供たちはまだわり算のやり方を学んでいないから，その式を出しても答えを出せません。でも，×４とやると，もう答えまで出せます。だから，答えを求める式としてはかけ算の式のほうがいいわけです。

　私たちは教科書でも，わり算の式はわり算で書くのだという形で進めていますが，子供にとっては決してそうではない。式も，**答えを求めるための式**と，**場面を表現した式**という，**二面性のある見方が潜んでいます**。そう考えると今まで答えを求める式は「数と計算」でやってきたし，場面を表す式はどちらかというと「数量関係」でやっていた。しかし，実際に授業の中では一緒に出てきていて，それらを統合的に見ていくと考えると，どちらの式も「数と計算」領域で議論していくのは理にかなっているわけです。

清水　式や数で表すことが算数科の言葉の勉強にもなっていて，問題場面をそのまま数学の世界の言葉で書いた場面の条件式のようなものと，それを少し変形したり，あるいは別の表現にしたりするものもあります。フレーズ型かセンテンス型かは別にして，「数と計算」の世界を，中学校で言うと数と式の世界，代数の世界に近いところで表現する。そういう言葉の勉強も，言語教科としての算数にはあって，そういう意味で式が「数と計算」に入っても意味があるし，４年生で学習する計算のきまりのようなのも，△や○，□でやれるけれども，あれも実は式で表すことでやっと計算について考察できる面もあるわけです。

齊藤　子供にとっての思考プロセスは必ずしも乗法ではなく，このように考えて求答したのだということを表現できるだろうし，その一方で，

例えば将来的には一般化して構造を表現するという話になったら，それは乗法の場面だからということもできます。

　清水先生が言われるように，いかに自分が思考したかということを，思考した結果を表出する場として大切にしたいわけです。と同時に，それを表出すると問題解決につながっていき，一連の問題解決のプロセスの中で式と関わるという仕事をしていく中で，式がもつ役割，働きやさを感じていくことになるのだと思います。そのようにしていかないと，式を読むとか式に表すことがなかなかできません。どうしてもこれまでは，「式のための式」のトピックになることが多かったので，式を表すことだけが大事というようになってしまっている。そうではなく，**その向こう側にどんな式指導が期待する能力があるのか**ということにもっと関心をもちたいものです。

　中学校に接続したときに，中学校になったら領域は「数と式」になるわけですよね。式のもつ働きに，子供たちがもっと関心をもち，さらには式とはどのような仕事をすることができるのかということにも意識が広がっていくことが求められるわけですよ。中学に入った瞬間，文字式になり，方程式になった瞬間に，これまでの小学校のときにはないような思考が次々と要求されてくるというのでは手遅れです。その下地となるというか，素地的なものを経験しておかないといけません。現行学習指導要領で領域をそろえて小学校から中学校までつなげていることの意味はそこにあるわけです。

清水　結局，算術（arithmetic）から代数（algebra）にという小学校から中学校への，特に文字を使ったジャンプがあるわけです。でも，本当は「数と計算」の世界でも実は式を操っていて，具体的な数字で式を操っているだけで，センテンスで何々＋何々は何々という。それが文字になったり，四角になったり，プレースホルダーを使ったりとやっていって文字になっていく。そういう意味でも，「数と計算」とは別に式表示の考えがあります，そのための指導をします，という話ではなく，それらを一緒に学んでいくことに意味があると思います。

池田　当然，あるときは式に表すことにより，見えることも多々ありますからね。そういう式の役割，とりあえず式に書いてみようというと何か見えてくるはずです。

「データの活用」の授業で押さえておきたいこと

齊藤　そんな中で，学校現場でもかなり意識的に取り組んでいるのは「データの活用」だと思います。その一方で，6年生の最後に打ち上げ花火を上げるような感じで取り扱われているところも見受けられ，ちょっと心配ですが……。

池田　「データの活用」ではPPDACのサイクルが出ているので，「はい，その展開でやりましょう」という授業を結構見ます。しかし，子供にとっては「何でPPDACが見えてくるのか」という過程が重要です。例えば，6年生でPPDACを明確にしたいのならば，中学年でそれぞれの役割のようなものに焦点が当たるような授業を組む必要があります。以前，面白いと思ったのは，「何によって秋の深まりが感じられるでしょう」という授業で，子供たちが秋にまつわるデータを適当に取ってくるんです。落ち葉の数，日没の時間等，複数の変数を絞り込み，班ごとにデータを収集して調べていきます。そして最後にデータを整理していくのですが，結果として，それらのいくつかは，日ごとに取るデータの条件が整っていなくて，こんなデータでは駄目だということに気付くわけです。でも，再度データを取ってくるのは時間的にも難しい。

　結局，どうしようもできなかったのですが，私はこの授業を見て面白かったのは，「このデータではできないことが分かった。つまり，**データを取るときもしっかり計画を立てなくてはいけないことが大切**だ」と子供たちが学んだことです。

　こういうことがあると，PPのプランが重要だと見えてきます。低中学年のときに，失敗から学ぶ経験があると，6年生になってPPDACの必要性が見えてくるのではないでしょうか。

齊藤　なるほど。ただ型や手続きを踏めばいいというわけではないということですね。

清水　それから，高学年では，**批判的な考察も大切**にしてほしいですね。自分たちが行ったデータの収集も，これでいいのかというスタンスでチェックして，もっといいものにしていきたいという，そういうことをやってもらえるといいですね。

池田　そうすると，学習した内容についての結果と思考プロセスについての振り返りは，見方・考え方の成長にかなり濃厚に関わってくるところになりますね。

算数における「個別最適な学びと協働的な学び」の位置付け

齊藤　さて，話が変わってここで取り上げたいのが，中教審の令和3年答申で話題になっている「令和の日本型学校教育」ですね。

　多分，次の改訂では，教科書のデジタル化もかなり進みDXが一層進化していく中で，算数の教科の指導として，「個別最適な学び」と「協働的な学び」というキーワードをいかに「深い学び」に位置づけていくかは避けては通れないでしょう。

池田　今のDXの話にしろ，世の中にChatGPTとか出てくる中では，問題が出て，それを解くという方向に対して，ピッと入力するとすぐに出てくる時代になってきています。そのような社会の中で算数教育を考えたとき，授業も，どちらかというと問題を解くというところから始まるだけでなく，答えを吟味するところから始まるような授業がもっとどんどん出てきてもよいと思います。それこそ，批判的に考えるところがベ

ースになるわけです。

齊藤　今までであれば，問題解決において，友達がどのような解決方法をしたのかを共有することは限定的でしたが，タブレットでは瞬時にそれが表示され，例えば「自分と同じように考えている子がこれだけいるのだ」といった把握ができるようになりました。一人の教師と多数の子供という関係性が，全体が同時に共有関係になるということは学習環境としては大変革です。今，そのような実践が次々と紹介されています。要するに「協働的な学び」が，今までの紙ベース，黒板ベースの授業ではできなかったこと，超えることを実現しようとしています。空間的・時間的な距離を超えて，その教師と子供の関係性を変えるという点では従業の景色が変わろうとしています。

池田　共通でやるところと個別でやるところを分けていくというのは，今に始まったことではないですけどね。

　一つ思うのは，みんなで学習するのは協働でいいのですが，その後に個別にやっていく。それは自分に応じてやるのですが，**その中での協働をどうするかが重要**ではないでしょうか。みんな一緒のことをやっていたら，「こうだよね」と適応できる。でも，あるところから個別に分かれていくと，その後は知らないわけです。

　そうした中での協働をどうするのかといったところが重要です。だから協働の内容が変わっていくのではないかと思います。例えば，発展的に考えるなら，どこに目をつけて発展させたのかとか，「僕はこちらに目をつけたよ」「私はここに目をつけたよ」と，それぞれ別々にやっていても，協働では「そちらに目をつけたのは面白いね」とか，その視点が違っていれば協働は十分できるわけです。

　今までの日本の算数教育は，どちらかというと，同じ問題を解決までの過程をすべて一緒に議論してきました。でも，**枝分かれしていくとするならば，何を議論していくのかを変えていく必要**があります。そう考えたときに，各自個別にどんどん自分の進度でやっていっていいのだけど，その中における協働もわれわれはしっかりつかんでおく必要がある

のかと思いました。

清水　今聞いていて，高校の一部ではやった「ジグソー法」を思い出しました。課題はABCDと異なるものがあって，それぞれのグループからシャッフルされたエキスパートが来ます。自分は取り組んでいない課題だけれども，そこのエキスパートの人がそれについて解説してくれて，それでいろいろみんなで学んでいく。ある意味，分岐したものを後で統合する方法。そういうのがいいかどうかは別としても。

齊藤　ジグソー法を取り入れてやろうとしている中学校も見受けられますが，そのときに「個別最適な学び」と「協働的な学び」を「数学的活動」とどのようにすり合わせていこうとするのでしょうかね。

　また，数学的活動の4つのフェーズの中で，この部分は「個別」で，この部分は「協働」でという解釈になるのでしょうかね。それとも「数学的活動」は「数学的活動」として考え，「個別」は「個別」，また「協働」は「協働」でということになるのでしょうかね。しかし，いろいろな言葉が出てきてはいるものの，子供，つまり学習者がやっていること自体は変わらないので，そのあたりの言葉の整理をしていく必要があるかと思います。

池田　それこそ発展的に考えるといったときに，子供によっては，私はこういう方向で発展を考えたいとか，僕はこういう視点をもちたいとか，枝分かれが出てきますよね。では，一斉に授業をするときにどうするかというと，先生のねらいもあります。ここは絶対体験してほしいというならば，いろいろあるけど今日はこれをやり，これをみんなで考えよう。みんなでこれを考えることにより，いろいろディスカッションできるというのが今までのメインだったと思います。

　しかし，こういった方向で枝分かれしていき，学ぶべきことも既にしっかり学べている。単元末などで，かなり応用的なところに来ている。だったら各自でやっていいじゃないかというような枝分かれもあると思います。だから**数学的活動での発展・統合の多様性に関しては十分枝分かれする可能性があります**。また，日常の問題でも，私はこういう方向

で数学化したい，僕はこういう方向で数学化したいと枝分かれする可能性もあります。

　この枝分かれする可能性をわれわれは授業の中で扱っていくといったときに，一つの方向に統一してやっていこうという立場もあれば，では，それぞれにやってごらんという立場だってないことはないということですよね。今後の授業はどうやっていくのでしょうといったところが，活動との関連でも授業づくりの難しさにもなってくる可能性があると思います。ジグソー法とは少し違ったイメージとして枝分かれが出てくるのではないでしょうか。

清水　理念としての「個別最適」は気持ちいい言葉だけれども，数学の活動はそういう次元の話ではなく，**解決する問題が目の前にあり，それを，仮定を置いたりして数学の舞台に載せて解決していくという一連のプロセス**の話なのです。「個別最適な学び」「協働的な学び」は「学び」という言葉でくくるじゃないですか。この学びというものの中身と活動のこのプロセスが同じ土俵で議論していいものなのかどうかが少し気になります。

齊藤　ある自治体の校長研修のときに，参加した校長先生から「これからは教えない授業が主流になる」という意見がありました。「ティーチング」から「ラーニング」の時代になっているのだから指導の在り様を大幅に転換していかねばいけないというのです。そのこと自体は決して否定されるものではなく，大事な一面というか側面もあるのだろうけれども，問題は，**ラーニングできる子供にするまでにどうするか**ということだと思います。

　「個別最適な学び」と「協働的な学び」で話題になる，上智大学の奈須（正裕）先生が指導に入られている山形県の天童中部小学校でも，子供が行う授業は全体のカリキュラムの3割くらいで，あとの7割は教師と子供がつくる授業であって，そこでしっかりとラーニングの仕方を学んでいます。算数で言えば，**数学的活動のプロセスを回せるようにするために，教師はしっかりとしかるべき指導をしている**わけです。

時代の流れの中で強調されている言葉のもっている意味合いを，しっかり算数・数学教育の中に落とし込んだときに，何が大事かということは考えていかないといけません。清水先生が言われたように，極めて響きのいい言葉に踊らされてしまうと，気がついてみると，結果的には何もティーチングすることなく，何もラーニングできない子供になってしまうということになりかねません。

池田　いくら学んでも，当然教えるべきことがあるはずで，それを見つけられるかどうかは教師の力によるでしょう。どこまで自由にやらせて，どこで焦点化して議論すべきところを設けるか。それも協働でやるといろいろな議論が出るので，どんなに個別であっても，協働をどう入れるかという視点をしっかりもたないといけないですね。当然，協働は教師の焦点化が入ってきているはずですからね。

● 教師は算数で何を教えるのか

齊藤　そんな中で，教師は何を教えるのか。教えるというよりも，次代を生きる子供たちに数学という教科を通して何を伝えていくかということだと思います。学習指導要領の三つの柱で全教科共通の目標があり，算数・数学はその理念というものをそこに位置づけたわけです。この教科を通していったい何を学ぶのかということについて，目標が変わったことについて，現場ではどうでしょうか。

清水　現場の受け止めは，「そのように変わったのですか」という感じですかね。学習指導要領で決められたことは，教育委員会から伝わってきたり，いろいろなところから研修したりして吸収するもので，それ自体を少し突き放して考える対象という感じではないのかもしれません。しかし本来，その意味をよく考えてみると非常に意味深な，「発展・統合」のような，しばらく使われなかった言葉が目標の中に入っていたり，「簡潔・明瞭・的確」や「よりよく問題解決しようとする」といった意味の深い価値観が相当前面に出たりしています。

齊藤 なぜこの教科を学ぶのかとか，どのように学ぶのかということは，学習指導要領に丁寧に示されていますが，清水先生が言われたように，現場がその言葉を「はい，そうですか」と右から左に書き写すのではなく，今，改めて**その言葉が言っていることにどんな意図があり，どのようにこれから数学という教科をつくっていったらいいかということを**，もっと積極的に考えて議論していってもいいような気もします。

清水 今回，数学的な見方・考え方を英語にどう翻訳するかという議論があり，教育課程の特別部会では「discipline-based epistemology」と訳したと奈須先生から聞いています。要するに，**学問とか教科の本質に根ざした認識論**です。われわれが見方・考え方と言っているのは認識論だという話になっているので，そういう意味では，単に何か分かったかどうかという話ではなく，「数学だからこそ，こういうミッションを背負い，こういう役割を果たす」，こういう価値があるからこそ，これを勉強するのですという目で身の回りを見る眼鏡というか，見方・考え方はそういう少し重たいものだと思います。

　目標に掲げられた「数学的活動を通して」の前の**「見方・考え方を働かせ」という文は，本当は相当に重いのです。**

　「見方・考え方」は，目標にも，三つの柱にも，領域の構成にも関わってきます。評価にも効いてきます。その見方・考え方が目標の中で位置づいていることの意味。中教審では，算数科でも昔から数学的な考え方だとか，数学的な見方や考え方とかいろいろ使われているけれども，それを1回整理して授業改善に生かしましょうという宣言が最初の頃にありましたね。

池田　全教科で入ってきましたからね。

清水　見方・考え方はね。それはある意味，教科の存在価値が問い直されているわけです。

齊藤　算数という教科を研究しているというか，**教科に携わっている人たちは，見方・考え方とはいったいどういうことで，これを通してどんな授業ができるのか，どのような子供を育てるのかということに対し，もっと積極的に主張すべき**だと思います。積極的に自分たちでもっとこうあるべきだとか，このようにしていくべきではないかということを，あまり縛られずに発信していってほしいですね。

清水　それにしても学習指導要領が告示されてもう6年半も経ったわけですね。コロナ禍など大変な状況があったので，どの程度浸透したかは分かりませんが，改めていろいろ課題が浮かび上がってきているように思います。全国学力・学習状況調査の結果を見ても，子供たちの見方・考え方が働くようになっているかどうかという1点で見ると，考えるべきところはあると思っています。

「領域の再構成」や「個別最適な学び」と「協働的な学び」「DXの問題」等，いろいろ考えるときにわれわれがぶれないようにするためには，**数学的な見方・考え方の価値とその働きに着目することこそが大切**です。それを，子供がどう働かせるようになっているか，そしてそれを教師がどう支えているか。

先ほどラーニングの話がありましたが，日本は「学習指導」という独自の言葉で，お互いに矛盾する概念を一つの用語にしています。外国の研究者によく言われますが，英語ではティーチング・アンド・ラーニングと切って使うのに対し，日本は「学習指導」と一緒にしてしまっているのです。子供が学習する力を付けるような指導を，先生は一歩離れたところからし続ける。**教えるべきことは教える。でも，子供が自分で自ら学べるような力を付けてあげたい。**そういう願いがあります。

そのカギを握っているのが，数学的な見方・考え方をどう見いだし，鍛え，伸ばしていくかという話なのだと思いました。

これからの算数科教育はどうあるべきか

第 1 章

なぜ、算数・数学を
学ぶのか

算数・数学を学ぶ価値とは

1 教育における流行と不易を見極めて

(1) 「なぜ」に関する根源的な問い

　現在の小学校6年生は，算数科で，平均値・中央値・最頻値などの代表値や階級の概念を，新設された「データの活用」領域で学習する。この内容は，従前は中学校数学科で学ばれていた内容である。児童がこの代表値や階級を使いこなし，日常生活の問題について，データを集めてその特徴を把握し，生活の改善に生かすことができるようにする指導のためには，どんな素材を用いればよいか。また実際の授業においては，どのような単元計画の下で具体的な指導を展開すればよいか。このような問いは，実際の指導の計画や実施において不可欠な「いかに」（How）に関する問いである。

　一方，例えば平成24（2012）年度の全国学力・学習状況調査（中学校数学）では，長野冬季オリンピックのスキージャンプ代表であった原田・船木両選手の実際のデータを用いた出題があった（註1）。全国の中学校3年生が取り組んだこの問題は，代表値や階級からみたデータの特徴に基づいて選手選出の根拠を説明する問題であったが，正答率は47.1％であった。この調査結果を振り返ると，そもそもなぜ代表値や階級の学習を第6学年からスタートするのかと疑問が浮かぶかもしれない。この疑問は，指導内容の適時性に関わる「いつ」（When）に関する問いを生む。

　本節が考察するのは，上のような「いかに」や「いつ」の問いよりもさらに根源的な，「なぜ」（Why）に関する問い，及びその問いに対する回答の探求のあり方である。そもそもなぜ小学生に代表値や階級を教えるのか，あるいは小学生はなぜ代表値や階級を学ぶ必要があるのか，そ

のことにどんな価値があるのか。そして，それは，児童が代表値や階級を駆使して統計的な問題解決をする資質・能力を身に付けることの価値，そして彼らが中学校でさらに学習する統計的内容の価値，さらにはデータを根拠とした意思決定が必要になっている現代社会に対する算数科の貢献なども気になって，さらに広い観点からの問いが生まれる。

こうして，「いかに」や「いつ」を問う前に，代表値や階級の学習，さらに「データの活用」の学習にどんな価値があるのかを問わざるをえなくなる。この「なぜ」の問いは，算数科がなぜ必要なのかという根源的な問いに還元されていく。そして，その問いに答えるための主たる根拠となるのが，算数・数学を学ぶことの価値である。

(2) 時代性をどう捉えるか

教育の活動は，現在の社会が当面する教育課題を見極めた上で，将来の新しい時代に活躍する児童生徒のあるべき姿を描きつつ，意図的，計画的に営まれる。また，わが国では，ほぼ十年ごとに行われる学習指導要領の改訂が，新しい時代区分を意味するもののように受け止められる傾向がある。特に，社会自体がグローバル化，価値観の多様化，そしてデジタル化の波にさらされる中，異なる価値観を背景にもつ人々の間での様々な紛争を目の当たりにし，直近のパンデミックに象徴されるような先行きの不透明さを抱える現在は，まさにそのような新しい時代区分への移行期ともみられる。このような移行期には，算数・数学を学ぶことの価値を改めて確認する必要が生じる。

「育成を目指す資質・能力」論という新しい立場から，各教科等の存在意義を問い直す形で改訂された現行の学習指導要領は，従来とは異なる観点から教科を学ぶ価値の検討がなされてきた。この学習指導要領の全面実施においては，新しい教科目標や教科内容を精査して，教室での学習指導を具体的に構想する一方で，時代の大きな流れの中で「これから」を見据えることも大切である。

現在では，生成AIが教育界のみならず社会全体に大きなインパクトを与えていることが注目され，算数科・数学科の「親学問」である数学

自体が，その本質を維持しつつも，数理科学としての研究領域の拡がりやデータサイエンスの興隆とともに変貌を遂げつつある。このような状況下で，時代や社会の変化からみて「変わりつつあるもの」（流行）と，数学の本質に根ざして「変わらないもの」（不易）とを的確に見極めて，教科目標と内容がもつ価値を改めて吟味しておくことが大切である。

2 数学の特質と算数科の役割

(1) 数学の特質と算数科の学習

　一般に，教科教育の営みは，当該の教科内容そのものを教えるという側面と，その教科内容を通して教えるという側面のいわば「二つの顔」をもって行われる。前者では，その教科の教科内容そのものの価値が問われることになり，後者では，それに加えてその教科の学習を通してこそ期待できる陶冶的な価値が主として問われることになる。

　例えば，「数学とは必然的結論を導く科学である」というアメリカのプラグマティズムの哲学者C. S. パースの有名な言葉がある。これは，前提から論理的推論によって結論を導くことを中核とする数学の特質を端的に表現したものである。この数学の特質を体現する典型例は，紀元前3世紀頃に作られたといわれる『ユークリッド原論』である。この『ユークリッド原論』で公理的体系として整理された平面幾何学，比例論などは，その後の数学の発展の基礎となり，学問体系の典型とみなされた。

　また，数学は，自然現象や社会現象を記述する科学の言葉として用いられていることも注目される。実際，数学とは，抽象と論理を重視する記述言語である，という重要な指摘がある（註2）。この，科学の言葉を提供する数学の言語性にも，学校数学においても大切にされる数学の価値が認められる。

　このような学問としての数学の特質は，教科としての算数科，数学科の役割を改めて確認する手がかりを与えてくれる。例えば，上のパースの言葉は，生成AIが大きな影響を与えるこれからの社会においても，主張の前提（公理や定義）を大切にして民主的な議論を可能にする思考や

コミュニケーションの能力の育成に対し，算数・数学の学習が威力を発揮することを示唆している。

(2)　算数科の学習の意義

　各教科において育成を目指す資質・能力は何か，またその教科だからこそ育成できる資質・能力は何か。このような問いは，人間形成における教科の必要性と存在の意義を問う根源的な問いである。そして算数・数学教育の立場からこの問いへの回答を探求することは，算数・数学の学習を通して可能になる陶冶的な価値を確認することである。

　冒頭に例示したデータの代表値や階級の学習では，児童が統計的な問題解決をする資質・能力を身に付けることが目指される。その際，児童はデータを根拠とした判断をするための知識・技能を身に付け，多面的に考察したり，批判的に考察したりするための数学的な見方・考え方を鍛える。ここでは，データとその分布の特徴を多面的に把握して，批判的に考察する力を育成するというねらいとともに，実際の日常生活の問題の解決や改善に算数の学習が直接的に役立つことも期待されている。この意味では，算数・数学の学びが役に立つかどうかという点に目を向けて，その実用的な価値を確認する作業も，「なぜ」に関する問いへの回答の観点として大切である。

　さらに，数学や自然科学に限らず，様々な学問分野の進展は，偉大な先人の努力の蓄積を基礎として成り立っており，長い年月をかけて人類が作り上げてきた文化的な産物である。このような重要な文化的な成果を次の世代に引き継ぎ，さらに発展させていくための基盤を提供することも，教科が担う重要な役割であり，算数・数学の文化的な価値を確認することである。また，数学オリンピックの代表の高校生がチームとして難問にチャレンジする姿に象徴されるように，算数・数学の問題を解くことがシンプルに楽しいという面も，算数・数学を学ぶことの重要な価値である。算数・数学は，我々にとっての知的な楽しみの源泉としての役割も果たすことが期待されるのである。

　以上のように，算数・数学を学ぶことの価値を根源的に問い直すこと

は，人間形成において算数・数学が果たす役割について，算数・数学を
学ぶ価値を多面的に検討して教育的観点から明らかにすることである。
その確認に基づいて，算数・数学教育のねらいを，陶冶的な目的，実用
的な目的，文化教養的な目的といった観点から確認して学習指導を構想
することができる。

3 算数・数学を学ぶ価値とは

(1) 教科の位置をめぐる根源的な問い

　これまでに確認してきたように，子供たちはなぜ算数・数学を学習し
なければならないのかという問いには，算数・数学を学ぶことの価値を
明らかにすることによって答えられる。教科としての算数科の学習は，
子供たちの将来にとって意義あるものになるか。この問いは，これまで
にもそれぞれの時代背景の中で，繰り返し問われてきた。

　算数・数学を学ぶことの価値は，これまでにも問い直されてきたが，
私の知る限り，現在のわが国の算数・数学教育の目的論に対し，最も根
源的な影響を与えたのは，1906年に初版が刊行されたJ. W. A. ヤング
(Jacob William Albert Young, 1865-1948) の主著『初等・中等学校における
算数・数学の指導』である（註3）。この本は，海外から移民が大量に流
れ込んだ20世紀初頭の米国において，学校教育における数学の存在意義
を根本的に問うた著作である。今日では誰もが疑うことのない算数科・
数学科の存在意義を，当時の時代的要請の中で，数学の陶冶的な価値の
観点を中心に改めて問い直したものである。

(2) 算数・数学を学ぶ目的と価値

　この著作でヤングは，「数学を学ぶ目的と価値」を論じ，数学の陶冶
的価値を主張した。ヤングは，教師自身が「この教科を教える真の目的
と価値は何だろうか？」という問いを絶えず問うべきであると言う。と
ころが，算数・数学科は学校のカリキュラムにおいて長い間安定した位
置を占めてきたために，その価値が一般的に認められたようにみえ，教
師がこの問いを問わなくなってしまったと注意する。そして，数学の主

要な価値として，「重要な思考様式の特に優れた範例としての価値」を挙げた。

つまり，我々が日常生活の様々な場面で問題に直面する際に働くべき思考は，算数科という教科で最も典型的に働くし，算数科で最もよく鍛えられ，磨かれることを指摘したのである。

実際，ヤングの次の指摘は，時代を超えて我々が確認すべき重要な指摘である。「数学の教科内容よりもさらに重要なのは，数学が誰にとっても極めて重要な，最も典型的で明確・簡潔な，考えるということの1つの様式を例示しているという事実である。」

つまり，算数・数学を学ぶことの主な価値は，その教科内容を知ることもさることながら，算数・数学の学習を通して思考の様式を身に付けることだとヤングは主張したのである。

ヤングは，この「思考の様式」としての算数・数学の価値を，「状況を把握すること」と「結論を導くこと」という二つの役割に分けて説明する。そこでは，今日強調される思考力・表現力・判断力等の育成の大切さが，当時の言葉で的確に指摘されている。

さらに，ヤングは，発見の喜びを子供たちに経験させられること，真理を尊ぶ気持ちを養うことができることなど，学校における教科としての算数・数学の価値についての主張を力強く展開した。

(3)　数学的に考える力の育成に向けて

現代社会には，地球温暖化や環境の問題，異なる価値観をもつ人々の共生の問題等，原因となる多くの変数が互いに絡まり合った複合的で，解決の難しい問題が数多く存在している。現在の児童がやがて社会に出る頃には，このような問題がますます複雑な様相を示すに違いない。ヤングの言うように，それに対して算数科が貢献できるのは，数学的に考える力の育成である。

実際，算数科では，数・量・図形・データ等に関して，比較的単純な場面を出発点として，次第に条件を絞り込んで考えたり，逆に少しずつ条件を緩めて考察したりする経験をすることが可能である。また，問題

場面に含まれる要素間の関係に着目してそれを数学的に表現し，問題解決に生かしたり，新しい問題を見いだしたりすることもできる。この意味で，算数の学習は，問題解決の方法を身に付けることを可能にするのである。

さらに，算数科の学習には，自分の結論が正しいかどうかについて非常に確かでいられるという特徴があり，外側にある権威に頼ることなく，自分の思考を頼りに判断ができる。これは，他教科の学習とは異なる際立った特徴である。

このような教科としての算数科の特徴とその価値を根底において，今日の学習指導における目標や内容を見直すことが必要である。具体的には，発展的・創造的に考えること，論理的に考えること，日常生活の考察に算数を生かすこと等の目標のために，広い視点から教材研究を深め，教室での学習がより豊かなものになるように配慮することが大切である。

４ 算数・数学を学ぶ価値と算数教育が目指すもの

⑴ 「数学的な見方・考え方」の働きとその意義

現行学習指導要領改訂の基本方針を示した中央教育審議会の答申では，６項目からなる改善の柱が示されていた（中央教育審議会，2016）。その第１の観点は「何ができるようになるか」であり，第２の観点は「何を学ぶか」であった。前者は，育成を目指す資質・能力を確認するための観点であり，後者は，教科等を学ぶ意義と，教科等間・学校段階間のつながりを踏まえた教育課程の編成に関する観点である。

算数科の新しい教科目標の柱書「数学的な見方・考え方を働かせ，数学的活動を通して，数学的に考える資質・能力を次のとおり育成することを目指す」は，算数を学ぶことの価値を踏まえて設定され，「知識及び技能」に関する目標，「思考力，判断力，表現力等」に関する目標，「学びに向かう力，人間性等」に関する目標が示されている。また，各学年の目標は，算数科の指導を通して育成を目指す資質・能力が，三つの柱ごとに具体的に示された。

　学習指導要領では，教科目標と教科内容が，教科の本質につながる「見方・考え方」に基づいて整理されている。算数科の場合，児童の学びの過程が数学的活動のプロセスとして具体的に想定され，その過程で働く「数学的な見方・考え方」に焦点が当てられて，児童が日常生活の事象や算数の学習の中から児童が問題を見いだして解決していく過程で働く資質・能力の育成を目指すこととされた。また，内容領域も見直され，各領域の内容が，その領域で働く数学的な見方・考え方の観点から整理された。この数学的な見方・考え方の働きは，算数・数学を学ぶ価値を支えるものである。

⑵　数学的活動の過程に見られる学びの意義

　算数科では，平成10年告示の学習指導要領における目標に，用語「算数的活動」がはじめて用いられ，平成20年告示学習指導要領では，その意味が「児童が目的意識をもって主体的に取り組む算数にかかわりのある様々な活動」と規定された。そして，基礎的・基本的な知識・技能を確実に身に付けるとともに，数学的な思考力・表現力を高めたり，算数を学ぶことの楽しさや意義を実感したりするために，重要な役割を果たすものと位置づけられた。また，算数的活動を生かした指導を一層充実し，言語活動や体験活動を重視した指導が行われるようにするために，小学校では各学年の内容に，算数的活動が具体的に示されてきた。

　現行の学習指導要領では，育成を目指す資質・能力の観点から，学習指導において，数学的な問題発見や問題解決の過程を重視することが求められている。特に，数学的な問題発見や問題解決のプロセスの様々な局面とそこで働く数学的な見方・考え方に焦点を当てて児童の活動を充実するために，用語「算数的活動」を「数学的活動」と改めることによって，問題発見や問題解決のプロセスを中核に据えた学習指導の趣旨が一層徹底された。

　算数科の学習過程の基盤は，中央教育審議会「答申」に示された「事象を数理的に捉え，数学の問題を見いだし，問題を自立的，協働的に解決し，解決過程を振り返って概念を形成したり体系化したりする過程」，

算数・数学の問題発見・解決の過程である。

　数学的活動を軸として，「日常生活の事象」及び「数学の事象」を対象に，算数の表現を活かしながら伝え合う活動を中核とし自立的，協働的に問題解決する過程が重視されたのである。また，下学年に特徴的な活動として，身の回りの事象を観察したり，具体的な操作等，小学校に固有の行為を行ったりする活動も重視されている。このような活動を通して，数量や図形を見いだし，それらに進んで関わっていく活動が明確に位置づけられたことには大きな意味がある。

(3)　算数・数学を学ぶことの価値と学習過程

　上記のように，新しい教育課程では，「数学的な見方・考え方」を働かせ，数学的活動を通して，数学的に考える資質・能力を育成するために学習指導を展開することが求められる。

　そのためには，数学的活動において，単に問題を解決することのみならず，問題解決の結果や過程を振り返って，得られた結果を捉え直したり，新たな問題を見いだしたりして，統合的・発展的に考察を進めていくことが大切である。この活動の様々な局面で，数学的な見方・考え方が働き，その過程を通して数学的に考える資質・能力の育成を図ることができるので，この観点からの教材の価値を明らかにしておくことが欠かせない。この過程において，算数・数学を学ぶ価値が顕在化する場面があるからである。

　また，算数科で育てたい資質・能力には，問題に取り組む姿勢，思考の習慣に関わるものもある。例えば，問題に粘り強く取り組んでじっくり考える姿勢，答えが出たらそれで終わりではなく，その「わけ」を大切にしようとする姿勢である。さらに，一応答えが得られたら振り返ってみて確かめること，別の解き方を考えてみること，そしてできれば，より簡単な方法，分かりやすい方法を探してみることなど，問題解決者としての資質に関わる姿勢も大切である。問題が解けたら次にどんなことが分かるかと，発展的に考えようとする姿勢も大切である。このような姿勢と相まって，「数学らしさ」に支えられた価値ある問いを問う児

童の姿がみられるような授業が求められる。このような姿勢の育成という側面から算数・数学を学ぶ価値を見いだすことも大切である。

4 おわりに

　以上のように，算数・数学を学ぶことの価値の探求は，学問としての数学の特質に根差す教科そのものの存在意義を問い直す作業である。算数・数学を学ぶことの価値はこれまでにも，様々な形で議論されてきたが，新しい時代を迎え，改めてその価値を問い直すことが必要になっている。特に，数学的に考える過程で発揮される数学的な価値の点検を大切にしながら，「数学的な見方・考え方」が三つの柱のすべての面で資質・能力に関わりながら働いて，それ自体がより豊かで確かなものとなっていくという視点を大切にする必要がある。

【引用・参考文献】
1）国立教育政策研究所(2012)，『平成24年度　全国学力・学習状況調査【中学校】報告書』．
2）科学技術の智プロジェクト (2008)，『数理科学専門部会報告書』．
3）Young, J.W.A.(1924) *The Teaching of Mathematics in Elementary and Secondary School. (Third edition with supplement)* Longmans, Green and Co.(初版：1906年)
4）清水美憲(2007)，『算数・数学教育における思考指導の方法』，東洋館出版社．
5）中央教育審議会(2016)，「幼稚園，小学校，中学校，高等学校及び特別支援学校の学習指導要領等の改善及び必要な方策等について(答申)」，（平成28年12月21日）．
6）文部科学省(2018)，『小学校学習指導要領(平成29年告示)解説算数編』，日本文教出版．

2

なぜ学ぶのか，何を学ぶのか，いかに学ぶのか

1 はじめに

　現行学習指導要領が示されて6年半余りが過ぎようとしている。この間，多くの授業実践で資質・能力ベイスの算数の授業づくりが試みられてきた。資質・能力を始発点とした目標設定や見方・考え方を基盤に据えた系統の見極め，教科の本質としての内容や方法の再検討，さらには数学的活動の授業への実装など，その取り組みは試行錯誤的に繰り返されてきた。

　しかし，その一方で教育課程はコンテンツを基軸に据えたもののままであったり，また旧来の教材分析のままの学習課題が設定されていたり，問題解決も形式的なプロセスを辿る授業展開のままであったりと，授業づくりの景色がなかなか変わらないのも現状である。このような状況を踏まえ，「なぜ学ぶのか―育成すべき資質・能力の見極め―」「何を学ぶのか―学習対象（内容・方法）の明確化―」，そして「いかに学ぶのか―教科らしい文脈の設定―」の3つの視点から，これからのより豊かな算数の授業づくりの具体を考えていきたい。

2 なぜ学ぶのか―育成すべき資質・能力の見極め―

　授業づくりを「なぜこの教材を学ぶのだろうか」という問いに答えることから始めたい。戦後，日本の小学校には算数という教科があり，そして教師の誰もが算数の教科書を使って学んできているため，このような問い掛けに何と答えたらよいか悩んでしまうかもしれない。「学習指導要領に教科として位置づいているから学ぶべきもの」と簡単に片付けたのでは，そもそも「なぜ学習指導要領に位置づいているのか」という

問いに遡ってしまう。「親学問としての数学は重要とされているので，小学生の頃からその基礎を学び，将来，数学を学んでいく際の土台として築いていく必要がある」という答えも聞こえてきそうである。確かに，上学年や上学校に進む際に，算数・数学を学んでいないと授業や試験において不都合な場面はある。しかし，上学校に進むにつれて多くの人が数学を履修しなくなるし，さらに大人になって学問としての数学と関わっている人の割合は極めて低いことから考えると，将来のためにという論も怪しい。公式として覚えたことの多くは「試験という賞味期限」を過ぎてしまうと忘れ去られてしまい，「数学は暗記するもの」と自慢げに話す人にもたくさん出会ってきた。ここまで話を進めてきても「なぜ学ぶのか」に対する答えのヒントすら見えてこないのはなぜだろうか。

　この問いの答えには，算数・数学に限らず教科教育を考える上で欠かしてはいけない大切な鍵が隠されている。そもそも教科とは我々の先人先達の文化遺産であって，それを使って我々は日々の生活を営み，文化を築き続けてきている。数学も，ものの数を簡単に表現したり，土地の測量をしたりなど，これまでの歴史の中で人が生きていく上で必要とされたからこそ創り出され，それが洗練され発展してきた。このような文化の形成過程で，多くの先人が考えたこと，悩んだこと，そして発見し工夫したことなどは，数学のアイデアとなって簡潔，明瞭でかつ的確に表現されてきたわけである。このように考えると，数学を学ぶということは，この先人の知恵の獲得の過程を知り，知恵の価値やよさを感じ，知恵を自らの生活の中で活かしながら使い，それを磨いていくことだと言える。例えば，「およその数」の学習では，概数という有益な大きさの表現を生み出した理由，その簡便さや有用さを知って自らの生活改善に活用してきたというプロセスは，まさに子供が算数を学ぶ過程そのものである。日常生活においては目的に応じて必要とされる詳しさを適切に判断して事象を処理し必要に応じて物事を概括的にみて適切に処理できることが要求される。概数をとったり概算をしたりして，全体の傾向をつかんだり，結果の見通しをもったりすることができることは，物事

の本質をうまく把握し，それを簡潔かつ的確に表現していく上で大切なことである。結果の予想をすることなしに物事を処理することは，ややもすると結果を盲信することになり，常に批判的な態度で自らの営みを振り返ることで大きな誤りをせずに確実な仕事を進めていけるようにしたいわけである。

　ここに文化遺産としての教科を学ぶ意味がある。ここまでくると「なぜ学ぶのか」の答えはかなり見えてくる。ただ単に「算数・数学の固有の知識」を伝達することで終わるのではなく，「算数・数学ならではの本質」に着目し，それを活用することで「思考・判断・表現」すること，さらには教科の本質に触れることで身に付いていく「主体的に学ぶ態度」を育成していくことが大切であろう。この三つの力は，今次学習指導要領が育成しようとしている《次代の子供たちに期待する資質・能力》であり，これらの力を育むための算数の授業づくりの在り方を追究していくことが肝要である。

　今から30年ほど前に，当時師事していた先生から「この単元を学んでどのような《価値》があるのか」と問われたことがある。指導すべき内容は学習指導要領に明示されていたものの，指導によって子供が得る《価値》には考えが及ばなかったことを覚えている。子供が算数という先哲の生み出した文化に触れる中で，その文化の《価値》に気付くことができないのでは，算数を学んでいることにはならないという指摘であった。さらに，算数を学ぶことによって子供にはどのような《価値》があるのかは，指導者自らが見極めて，それを意図的・計画的に指導していく必要があることも学んだ。「およその数」で言えば，概数の意味と数を丸める手続きといった知識・技能の習得だけでは不十分であることは誰もが分かる。しかし，それを踏まえた上で，どのような見方・考え方を身に付け，新たな学習や生活に活かしていく力として何を求めるのかという《価値》の話に進んでくると，その答えを明快に示すことは難しくなる。知識・技能が有する数学の「内容的な《価値》」は分かっても，数学を問題解決的に学ぶことによって身に付ける「教育的な《価

値》」や数学を学ぶことによって新たな学びや生活に向かうために役立つ「社会的な《価値》」を分析することが大切である。概数の学習において，日常事象の場面を概数で処理する必要性から場面を定式化したり，概数による解決の妥当性を批判的に分析したりするが，これが数学ならではの思考・表現であり，「教育的な《価値》」にあたると言える。また，問題解決のプロセスの中で，概数の活用によって合理的に思考の軽減を図ったり，概数のよさをメタ認知したりすることになるわけだが，これが数学の学びや生活に向かう力であり「社会的な《価値》」にあたる。このように，「およその数」という単元を子供が学ぶことで得ることになる数学の《価値》を教師が明確にしていくことが大切である。

これらの三つの数学を学ぶことで獲得する不易としての《価値》は，まさに「なぜ学ぶのか」に対する答えであり，それが現行学習指導要領に示されている三つの柱と重なっていることが分かる。これまでの内容ベイスからでは見えにくかった教科指導の《価値》が，改めて資質・能力ベイスから教科を見直すことによって明確に浮かび上がってきたわけである。

3 何を学ぶのか─学習対象（内容・方法）の明確化─

教科指導である以上，学習対象の明確化は不可欠である。どのような資質・能力を身に付けるかという視点からこれまでの内容ベイスでの「教材分析」からの転換が必要になる。「教材分析」というと，一般的に「かけ算の意味」「基本図形の性質」「割合の考え」といったことを確認することを思い浮かべる。これは内容ベイスでの「教材分析」と言われるもので，算数・数学の教科固有の内容を丁寧に調べ上げて，それをもとに指導の系統を整理したり教材を組織したりして授業をデザインするという手続きがとられてきた。このような「教材分析」そのものは算数・数学を知る上で欠かすことができないものであり，これからの授業づくりにおいても不要なものではない。しかしながら，三つの柱からなる育成すべき資質・能力の視点から考えると，そのような「教材分析」

では不十分であろう。

　まずは「かけ算の意味」を学ぶ過程においてどのような数学的な見方・考え方を身に付けるのかを明らかにすることが大切であろう。例えば，計算の指導の過程で必ず通過する「（かけ算の）意味を拡張する」といった視点から「教材分析」を行うことで，そこで身に付ける「統合・発展の考え」「形式の統一」などの算数・数学ならではの思考・判断・表現力や「合理的かつ効率的に処理する態度」などの学びに向かう力の獲得を目指す数学的活動をいかに組織するかといった授業づくりのポイントが重要になる。

　同様に考えると,「図形の性質を課題解決に活かす」「割合の考えで事象を捉える」といった視点から教材を捉えていくことによって，何を知っているのかという内容ベイスの分析を超えて,どのようなことができるようになったのかという能力ベイスでの分析に関心をもちたい。図形の性質を形式的に理解していることで終わらずに,その性質を使うことでどのような思考・判断を行い,どのような表現に関心をもつようになるのか,さらに性質を課題解決に活かすことで性質の意味的理解を深めていくといった分析に取り組むことが期待される。また,割合の考えについても，様々な事象で活用されていることを踏まえ，それを課題解決に活かすために算数の学びでどのように扱うのかといった分析が求められている。能力ベイスから教科を見直す過程の入り口において避けて通ることができない「教材分析」のスタンスを変えることは，教材と私たちのこれまでの関わりを見つめ直し，子供に身に付けたい力から教材の果たす役割を捉えるといった方向に転換していくことを意味している。

　また，育成する「資質・能力」というゴールと「見方・考え方」の成長を意識しながら，教科らしい「学習活動」をいかに学習対象として位置づけるかも大きな課題になる。見方・考え方を基盤に据えた「学習活動」を子供が描いていくことはこれまでにはない新たな視点であり，その実現に向けた取り組みもこれからの教師に期待される力量と言えるだろう。

4 いかに学ぶのか―教科らしい文脈の設定―

現行の学習指導要領では，算数科の学習過程と育成する資質・能力との関係を明確にするために，これまでの算数的活動を発展・充実させて「数学的活動」と中学校・高等学校のそれと名称を統一して，算数らしい問題解決の実現を目指そうとしている。「数学的活動」を，数学的に問題解決する過程を遂行することと規定することで，算数によって育成される資質・能力を育むための学習活動そのものが能力であるという立場を明確にした。いわゆる「プロセス志向」の重視である。

しかし，ここで確認すべきことは，教師が「数学的活動」の枠組みを整理・確認するだけでは問題解決の質を高めることにはならず，「数学的活動」の質を高めていくことで，問題解決の過程が機能し，算数の本質を追究する学びを子供が経験することを求めているということである。教師は問題解決の過程を辿って算数を教えたけれど，子供はその過程で算数を学んでいなかったという状況に陥らないための指導の工夫が必要となる。

学習指導要領の趣旨からは，算数ならではの「数学的な見方・考え方」を働かせながら，知識・技能を習得したり，習得した知識・技能を活用して探究したりすることにより，知識の習得やその構造化を図り，技能の習熟・熟達にもつなげながら，より広い領域や複雑な事象をもとに思考・判断・表現できる力を育成することが期待されている。これが資質・能力ベイスの授業づくりが目指すゴールであり，内容か資質・能力かの不要な二極対立や比較を超えて，次代を生きる子供に育成すべき資質・能力で語ることが大切であり，学習指導要領の趣旨の実装に向けた授業づくりの在り方を徹底的に追究することが必要であろう。内容の習得を最優先の課題とした学習過程ではなく，事象を算数の価値（見方）から捉えて問題を見いだし，問題を算数・数学らしい認知・表現方法（考え方）によって自立的，協働的に解決し，解決過程を振り返って概念を形成したり体系化したりする過程といった問題解決の過程を丁寧に進

めていきたい。

　その問題解決過程を用意しただけでは，資質・能力を育成する学びは
スタートしないことは先述の通りであるが，問題解決過程において子供
が主体的・対話的で深い学びを営むためには，学習過程を主体的に学び
進むためのコンテクストが極めて大きな意味をもっており，次の点に留
意しながらコンテクストを開発していくことが必要になる。

　まずは，子供にとってオーセンティック（真正）な学習の場を用意す
ることである。日常事象の課題解決に算数を活かす展開，または算数の
内容を統合的・発展的に創る展開のいずれにおいても，学習がオーセン
ティックであることは子供自らが算数の価値に出会い，それを納得する
ことを可能にする。

　次に，「数学的な見方・考え方」に気付けるような明示的指導を重視す
ることである。「見方・考え方」の育成は，表面上異なったアイデアの裏
側に共通する教科の本質の存在に気付くようにすることとも言える。算
数の知識や技能を統合・包括する概念や，算数ならではの認識や表現の
方法などに常に子供の関心が向くようにすることが大切である。算数指
導の本質を見極め，育成すべき資質・能力を明確にした上で，確かな算
数らしい問題解決の過程を支えるコンテクストの生成が期待されてい
る。

　学習指導要領の趣旨を踏まえた学びでは，「子供がコンテクストを明確
に描いて解決にあたる」「子供が自らの成長実感をまとめとする」，さら
には「振り返りでは見方・考え方の成長の確認を行う」などと，問題解
決学習の質的転換が期待されている。つまり，「教師がいかに教えてい
くか」という教材研究の質的向上や指導方法の工夫・改善だけではなく，
「子供がいかに学びを描いているか」と子供とともに文脈を構築してい
くことへの転換が重要である。算数・数学の三つの柱の資質・能力がい
かに身に付いていくのか，数学的な「見方・考え方」がどのように成長
しているのか，さらにはそれに向けて子供はどのような思考を連続させ
ていくのかなど，これまで以上に子供を見つめる視点を明確にしていく

ことが必要であろう。「何を知ったのか，何ができたのか」から「知っていること，できることを使って何を解決したのか」という捉えが必要になり，問題解決過程でどのような「見方・考え方」が機能したのか，問題解決によってそれがどのように成長したのかという確認が必要になる。また，学びの過程や終末でコンテクストを見直したり辿り返したりして，自らの成長をいかに捉えているかといった確認も求められる。まさに，子供の真の姿を正しく捉えてそれをもとに授業を評価する，つまり子供の成長をエビデンスで語ることができるかが鍵になると言える。

これまでの内容ベイスの単元では，内容をもれなく指導していくための教材配列等に関心が向きがちであったが，資質・能力ベイスの単元では，学び手である子供の見方・考え方，関心や思考と教師の期待するゴールや指導したい内容との折り合いをつけながらどのような学習活動を描いていくかが重要になる。資質・能力ベイスの学びの実現に向けた「単元を創る」ためには，常にその両面をバランスよく意識しながらデザインし続けていくことが必要になる。

守備範囲の広い三つの柱の資質・能力が育成されていることは何をもって把握するのか，抽象的概念でもある「見方・考え方」の成長の様子はどのように子供を観てとるのか，さらには数学的活動のプロセスで教師と子供とで学びを描く様子をどう把握するのかといった営みも大切になる。子供の学習成果をどのように見つめるのかといった方法論的な意味合いとともに，子供の学びの成果を成長の様子で捉えるといった目的論的な意味合いからの問い直しが求められている。また，子供の変容を単位時間で確認していくことから単元や長期的なスパンで確認していくといった評価の有効性・実効性といった価値からも再確認が必要であろう。次代を担う子供をいかに育てていくのかという現行学習指導要領は，子供の成長の確認には，エビデンスで語るという極めて当たり前な正面突破の方法をとることが必要であることを告げ，私たちにそれに真摯に取り組むことを期待している。

目指すべき三つの柱の
資質・能力の捉え方

「数学的な見方・考え方」が働くとは
―その成長へ向けた指導の在り方―

1 主体性の根源にある子供の疑問や問い

　子供の主体性がよく議論になることが多いが，その根源を我々はどこに見いだすことができるだろうか。本稿では，その根源として，子供の内なる疑問や問いに目を向けていきたい。他者から子供に強要された問いでは，子供の活動は「人から言われたからやる」といった受動的な活動になってしまう。「なんでだろう」「こういう場合はどうなるのだろう」といった子供自身の中に生まれた疑問や問いであるからこそ，それらに答えようとする行為は，子供主体の活動となるわけである。

　それでは，子供自身の疑問や問いに着目したとき，それらはどのようなものを想定しておけばよいのだろうか。子供の疑問や問いには，壁にぶつかったときに出てくる次の一歩が見えない疑問がある。例えば，「先生，忘れちゃったよ。全く手がつかないよ」「何を言っているのかチンプンカンプン」といったお手上げ状態の疑問である。それに対して，次の一歩を暗示してくれる問いもある。例えば，「似たような問題はなかったかな？」「こういう場合はどうするの？」といった次の一歩を方向づけてくれる問いである。この二つの疑問や問いについては，質的な違いはあるものの，重要な共通点がある。それは，「そんなこと，私には関係ないわ」といった無関心な態度とは一線を画している点である。その背景には「もっと知りたい」といった子供の内なる声が宿っており，その内なる声に寄り添うことこそ，教育の出発点として考えていきたい。そこで，このような「もっと知りたい」という思いが根底にある子供の心のつぶやきを子供の疑問や問いと捉え，そこから始まる活動を子供の主体的な活動として考えて言及していくことにする。

2 数学的な見方・考え方の捉え

(1) 二つの疑問や問いと数学的な見方・考え方

　前述の子供の疑問や問いの中で，次の一歩を暗示する問いがあること
について述べた。そして，この次の一歩を暗示する問いには，数学を深
めていく上で有効となる問いが潜んでいる。例えば，「根拠は何だろ
う？」「他の場合はどうなるのだろう？」「こうなることを仮定して考え
てみると…」「もっと分かりやすい図はないかな？」といった具合の問
いである。このような次の一歩を暗示する問いは，子供たちの主体的な
活動を促すだけではなく，算数学習を深めていく上でも意味のあるもの
として解釈できる。このような問いは，学習指導の中で教師が子供のつ
ぶやきの中に見いだしていく重要な視点であり，このような問いを数学
的な見方・考え方の表れとして捉えていくことは自然である。算数の学
習において，どのような視点から物事を捉え，どのような考え方で思考
を進めるのかという，事象の特徴や本質を捉える視点，思考の進め方や
方向性を意味する数学的な見方・考え方（文部科学省，2018）を，子供の
問いの中に見いだしていくわけである。子供の主体性に着目するために
目を向けるべき必要のある問いと，算数の学習を深めていく契機となる
数学的な見方・考え方，この両者はともに子供の内なる問いであること
を共有しておく必要がある。ただし，数学的な見方・考え方は，子供が
現在働かせている見方・考え方を意味しており，数学者が行うような理
想的な考えを意味しているものではない。指導を考える際は，理想的な
考え方を念頭に置きながら指導していくわけではあるが，それらを子供
の中に注入していく方向で指導を考えるのではなく，子供が現在働かせ
ている見方・考え方をしっかりと解釈して価値づけていくことで，子供
の数学的な見方・考え方を成長させていく方向で考えていくわけである。
　ここでもう一つ注目したい点がある。それは，次の一歩が見いだせな
いお手上げ状態の疑問である。「先生，全く分からないです」といった
具合の疑問である。これは，次の一歩が暗示されていないことから，今

後の算数学習を深めていくための契機になる数学的な見方・考え方として捉えることは難しい。しかし，このような疑問も，解釈の仕方次第で生かすことができる。数学的思考力・判断力・表現力は，数学的な見方・考え方を対話的に働かせる中でこそ育っていくものである。例えば，「何を言っているのか分からないよ」といったお手上げ状態の疑問も，「それじゃ，もっと分かりやすく図で表現できないかな」という次の一歩を暗示する問いを引き出すきっかけに成りうることに注目したい。言い方を変えるならば，「いいですか」「いいですよ」というやりとりでは，表現方法を変えて説明する必然性がないわけである。「分からないよ」という子供がいるからこそ，「別の表現で分かりやすく伝えられないかな」といった算数学習を深めてくれる問いが引き出されるわけである。

(2)　数学的な見方・考え方と三つの資質・能力との関わり

　　数学的な見方・考え方とは，数学的活動が一旦終わりになりかけたとき，次の一歩を暗示してくれる働きがある。数学的思考を対話的なやりとりとして解釈したとき，数学的な見方・考え方は，次の思考の方向を見定める役割を担っており，メタファー的に言えば，方位磁石の役割に似ている。山の中で道に迷ってどの方向に進んでいいか分からなくなったとき，方位磁石があれば，次の一歩を踏み出す方向を暗示してくれる。ただし，その方向に進めば，無事に帰れるという保証はない。すなわち，数学的な見方・考え方を働かせれば，それで問題が解決されるというものではない。問題を解決する上での必要条件に成りうるが，十分条件ではないことに目を向けなければならない。

　　また，数学的な見方・考え方は，数学的に考える資質・能力を支えるものであり，数学的に考える資質・能力の三つの柱である「知識及び技能」「思考力・判断力・表現力等」及び「学びに向かう力，人間性等」のすべてに対して働かせるものである（文部科学省，2018，p.23）。多様な見方・考え方を有機的に関連づけながら働かせることで，三つの資質・能力が育成されることになる。例えば，「これ，どこかでやったことあるよね」と発信することで，「どこでやったの？」と問い返しがなされ

る。「どこだっけ？」とクラス全体に投げかけることで、「どこで似たようなことをやったのだろう」と既習を探す行為が促されることになる。「似たような考えはなかったかな」という類推に関わる見方・考え方が働いたわけである。しかし、この問いのもとを探すという行為が始まったとしても、何も見つからなかったら「分からないね」ということで終わりになってしまう。しかし、「これと似ていない？」という問いが連鎖することで、その活動は継続していくことになる。「どこが似ているの？」というさらなる問い返しで、共通点を探る行為が奨励される。そして、最終的に似ている点が見いだされることで、子供たちは、同じような考えが異なる問題で用いられていることを見いだしたことになる。見方・考え方が既習の知識・技能を関連づけたり、再構成したりするために重要な役割を果たしていることが分かる。

　そして、クラスのみんなで多様な数学的な見方・考え方を働かせながら対話を通して考えていく行為は、近未来的に、自分一人で考えていくための思考の仕方のモデルになることに注目したい。自分の頭の中で、複数の自分が現れ、複数の自分による前述のような対話的なやりとりをする行為自体が、考えるという行為と言える。言い方を変えると、授業の中での教師を交えた子供同士のやりとりは、一人ひとりが自力で思考できるようにするための手立てになっているわけである。それゆえ、授業中での対話を顕在化させ、見える化していく行為自体が、一人ひとりの思考力・判断力・表現力等を育成していくための手段になっているわけである。

　さらに、問題解決を「分からないね」で終わらせることなく、みんなで協力しながら、粘り強く取り組み問題解決へと至った体験は、振り返りを通して「すぐに諦めるのではなく、粘り強く取り組むことで問題を解決することができるんだ」といった実感を伴った経験になる。このような経験を繰り返し踏むことで、「ここで諦めるのではなく、もう少し頑張ってみよう」という気持ちが強化されることになる。すなわち、粘り強く取り組むという学びに向かう力が涵養されていくことになる。

(3) 数学的な見方・考え方と数学的活動との関係

　今回の学習指導要領では，数学的な見方・考え方を数学的活動と関連づけて捉えていくことが奨励される。「算数・数学の問題発見・解決の過程」の模式図では，①日常の事象と数学との関係を考察すること，②数学内で知識・技能を構成し統合・発展的に考察することの二つの問題発見・解決の過程が示され，これらを基盤として，③言語活動の充実，振り返り，評価・改善に焦点が当てられている。このような三つの活動に関連づけながら，子供たちが働かせる数学的な見方・考え方を解釈していくことが大切となる。

　日常の事象と数学との関連を考察する活動を取り上げると，何に着目して数学の舞台に載せようとしているのか，あるいは，数量化・図形化されたものが日常で何を意味しているのかに着目して，子供の問いを観察することが大切になる。例えば，教室の中にある机を教室外に出せるかどうかが問題になったとき，子供たちは，机の大きさをただ漠然と捉えるだけでなく，ある部分の長さに着目してその大小比較を考えることになる。あるいは，蜂の巣をスケッチすることになったとき，子供たちは，蜂の巣の穴をただ漠然と見ているのではなく，辺の数に着目してそれが8つあることに気付くことで正確に描けるようになる。このような活動の中には，「長さに着目すると」「図形の構成要素に着目すると」といった具合に，長さや図形の構成要素に着目していない状態から，問題解決に向けて，そこに着目して考えるといった見方・考え方を働かせていることが観察できる。数学的活動のどの局面に焦点を当てているのかを明確にすることによって，働かせたい数学的な見方・考え方を明確に捉えて指導することが可能になる。

3 数学的な見方・考え方の成長に向けて

(1) 数学的な見方・考え方の萌芽を捉える

　子供の数学的な見方・考え方は，数学的活動の要所要所で働かせるものであるため，その瞬間を過ぎると忘れられてしまうことが多い。それ

ゆえ，子供の素朴な言葉は，板書として残していきたい。そして，授業の終わりの振り返りの際に，どのような問いが問題解決に向けて大切であったかを振り返り，鍵となる見方・考え方は今後に向けて活用できるようにしていきたい。

　ただし，数学的な見方・考え方は，必ずしも子供から言葉として出されるわけではない。例えば，「14−8」をブロックで計算する際，多くの子供たちは，ひく数の8をブロックで「1，2，3，…，8」と数えた後で，それを10から取り去る行為をする。その中で，ある子が，ブロックを8まで数えることなく，**図1**のように「シュー」と取り去ったとしよう。子供たちは，「はやい，すごい！」ということで驚くことになる。

図1　補数に着目した子供の具体的操作

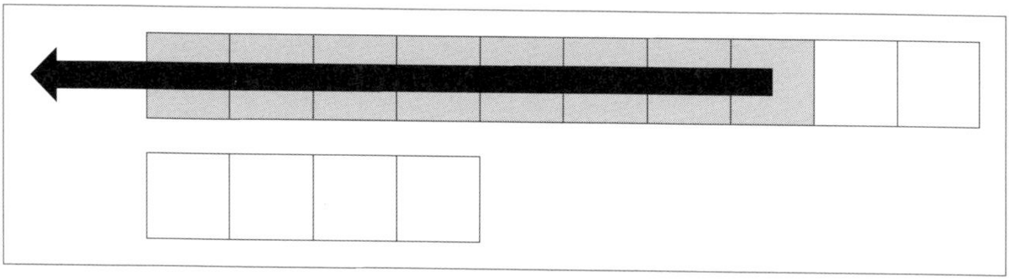

　ここで大切なことは，「すごいね」で終わるのではなく，この子の行為の背景にある数学的な見方・考え方を読み取り，全体で共有して価値づけていくことである。この子は，8個のブロックを数えるのではなく，補数の2個に着目して取り去ったのである。このような場面では，「なぜこんなにはやくシューできたのかな」という問いかけ等を通して，子供の内にある見方・考え方を引き出すことが大切である。「10＝8＋2」という式が頭の中になり，8を取るには2を残して取り去ればよいという考えに至ったわけである。この考えは，思考を節約することにつながるとともに，さくらんぼ計算等で答えを導く際の鍵となる考えになる。

　また，子供たちには，この例にあるように，具体的な操作が行えるような学習活動を数多く仕組んでいきたい。具体的操作は，子供が主体的に試行錯誤ができるとともに，試行錯誤の中で新たな考えを見いだすきっかけになる。そして，教師側にとっては，子供の働かせた見方・考え

方を解釈することを容易にしてくれるものである。

(2)　数学的な見方・考え方の変形・改良を促す

　子供たちが働かせる見方・考え方は，うまく解決に至ることもあれば，解決に至らないときもある。しかし，どちらの場合にしても，子供たちが数学的な見方・考え方を働かせた点は，しっかりと価値づけしていきたい。例えば，次の小数のわり算の計算の問題を取り上げて説明していこう。「リボン2.4mの代金が96円です。このリボン1mの値段はいくらでしょう」。この問題で，「96÷2.4」という立式がなされ，いかに計算すればよいかが議論になり，ある子が次のような考えを発表したとしよう。「2.4を10倍して，96÷24＝4です。10倍したので，$\frac{1}{10}$倍して0.4になります。答えは0.4円です」。この答えに対して，生活経験をもとに考えてみると，「2.4mで96円なのに，1mが0.4円になるのは安すぎる」ということが分かり，間違いであることが分かる。生活経験をもとに，答えが正しいかどうかを判断しようとする数学的な見方である。しかし，何が間違っているのかはまだ分からない。

　ここで，式「96÷24＝4」の意味を考えてみることになる。特に，この式の4が，どのような意味であるのかが問われることになる。抽象的で分からないときは，具体に戻して考えてみるという見方が有効に働くことになり，具体化することで，数式の意味をみんなに分かりやすく説明することも可能になる。96円のテープを24分割するわけであるから，テープ図等を用いることで，0.1mの値段であることが見えてくる。そうすると，1mの値段は，さらに10倍して40円としなければならないことが見えてくる。このような数学的活動を通して，生活に照らし合わせて答えを確認すること，また，抽象的な式は具体的な場面に戻して考えてみること等の数学的な見方が有効に働いたことが分かる。このような見方を働かせることで，なぜ間違っているのかが分かったわけである。

　しかし，もう一つはっきりしないことが残っている。それは，「なぜこの子は，10倍して計算した後，$\frac{1}{10}$倍して答えとしたのか」ということである。「なぜそう考えたの？」といった友達の思いをしっかりと受

け止められるクラスづくりが大切である。この点を議論していくことで，この背景には，「10倍して計算した後に$\frac{1}{10}$倍する」という既習を活用していたことが見えてくる。そして，似たような場面で使われた既習を活用するという見方・考え方は，問題によっては有効に働かないこともあることが体験できることになる。しかし，ここで終わりにせずに，もう一歩考えを進めていきたい。それは，「どういうときに使えてどういうときに使えないか」を探っていくことである。適用範囲を明確にしようとする問い自体が，意味のある数学的な見方・考え方である。既習を関連づけて探究していくことで，「小数×整数」「整数×小数」「小数÷整数」のときは「10倍して計算した後に$\frac{1}{10}$倍する」という考えが使えること，しかし，「整数÷小数」のときだけは使えないことが見えてくる。このような考察を通して，これまでの知識・技能を統合的にまとめることが可能になる。このような知識・技能の整理は，未来の問題解決に備えてなされる行為であることを子供たちに理解させることが大切である。

4 数学的な見方・考え方の成長を促す指導

　算数の学習指導においては，子供の中にある素朴で直観的な考えをベースに置きながらも，それらの考えが適用できる範囲を広げたり，質的な変換を加えたりすることによって，それらの考えが成長していくことに注目する必要がある。無から有が生まれるというよりは，なんらかの有を土台にしながら変化していくということである。

　子供たちが数学的な見方・考え方を成長させていくためには，過去に用いた数学的な見方・考え方の中から適用できそうなものを探し出し，適用できるかどうか，また，適用できない場合は，どのように変換させて活用していくかを考えていく必要がある。このような思考は，直観的になされている場合が多々あり，働かせている本人でも意識化されていないことが多々ある。また，そのような思考をしていない子供には，ある見方・考え方を働かせた後の結果だけが共有されることになり，自分の見方・考え方を働かせて成長させていくことにはつながらない。過去

に働かせたどのような見方・考え方に着目したのか，また，今働かせた見方・考え方との共通点・相違点を考え共有していくことが肝要である。そして，このような過去に働かせた見方・考え方と今働かせた見方・考え方とを関連づける学習が，まさに数学的な見方・考え方の成長を促す指導と言える。

　指導の第一歩目は，今日の授業で働かせた見方・考え方が，これまでの学習のどこで働かせた見方・考え方に似ているのかを振り返る場面を設けることである。これまで繰り返し用いられてきた見方・考え方に質的な変換がなされた場合には，じっくりと時間をかけて関連づけていきたい。例えば，割合の学習を終えた後で，「1とみる」考えをどこで働かせてきたかを振り返る場面を想定してみよう。カリキュラムの縦のつながりが強調されることになる。デジタル教科書，昔使った教科書，ノート等を振り返りながら，どこで「1とみる」という学習をしたかを探すことになる。このような学習を推し進めていくためには，「1とみる」という考えに関連する学習場面を特定し，しっかりと種まきをしておくことである。そのような押さえがない状態で，どこで「1とみる」という考えを用いたかを探すのは困難である。「1とみる」という考えは，任意単位による測定，簡単な分数，はしたの数の表し方，小数・分数の加減乗除，割合等，実に多様な場面で取り上げられてきており，適用範囲を広げる中でその捉えが質的に変換されていく。そして，見方・考え方の共通点・相違点を考察することで，数学的な見方・考え方が成長してきたことを実感させたい。バラバラになっているものを統合的に関連づけることで，数学的な見方・考え方をシンプルに捉えることが可能になるわけである。算数の指導内容の縦の系列をしっかりと教材研究した上で，子供の内なる考えを理解し生かしていくことになる。

　このように，数学的な見方・考え方の成長を促す指導では，似たような見方・考え方を統合的にまとめていくために，新たな見方・考え方の萌芽，見方・考え方の適用範囲の拡大，それに伴う質的な変換を明確にしていくことが肝要である。数学的な見方・考え方の成長を大局的に捉

える三つの視点を図で表すと**図2**のようになる。単元間のつながり，単元の中の指導内容の流れについて，「なぜその流れなのか」を再検討しながら，数学的な見方・考え方の成長を促すカリキュラム・マネジメントを行っていきたい。そして，数学的な見方・考え方を統合的にまとめていくことが，日々の授業の中で当たり前になるように高めていきたい。

図2　数学的な見方・考え方の成長を捉える三つの視点

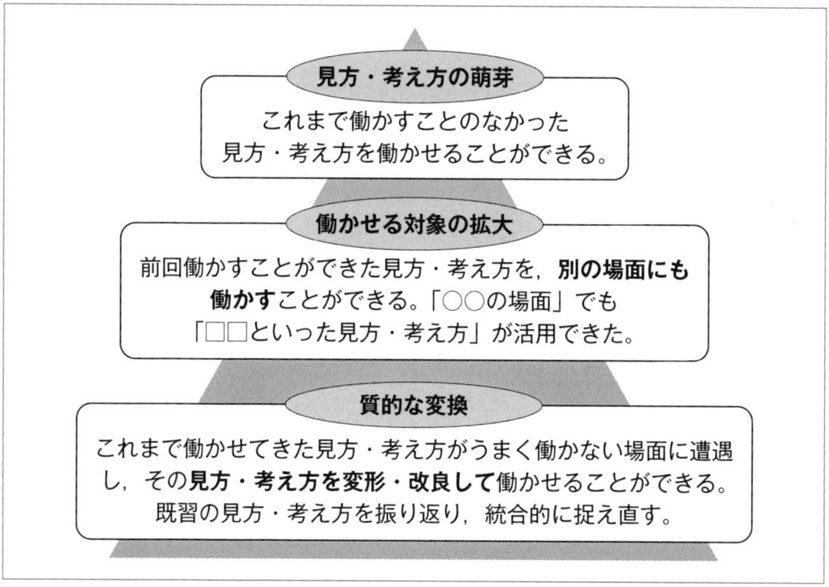

見方・考え方の萌芽

これまで働かすことのなかった
見方・考え方を働かせることができる。

働かせる対象の拡大

前回働かすことができた見方・考え方を，**別の場面にも働かす**ことができる。「○○の場面」でも
「□□といった見方・考え方」が活用できた。

質的な変換

これまで働かせてきた見方・考え方がうまく働かない場面に遭遇し，その**見方・考え方を変形・改良して**働かせることができる。
既習の見方・考え方を振り返り，統合的に捉え直す。

【引用・参考文献】
文部科学省（2018），『小学校学習指導要領（平成29年告示）解説算数編』，日本文教出版.

2

「数学的活動」は日々の授業で
実現してきているのか

1 数学的活動の意味

　「小学校学習指導要領解説 算数編」（文部科学省，2018）において 数学的活動とは，「事象を数理的に捉えて，算数の問題を見いだし，問題を自立的，協働的に解決する過程を遂行することである」（p.23）と規定されている。この数学的活動には，主として2つの過程が考えられている。一つ目の過程は，「日常生活や社会の事象」から数学的な問題を見いだし，それを数学化して「数学的に表現した問題」をつくり，数学的処理を施して結果を得，得られた結果を解釈したり，類似の事象にも活用したりして適用範囲を広げるという過程である。二つ目の過程は，「数学の事象」から問題を見いだし，それを数学化して「数学的に表現した問題」をつくり，数学的処理を施して結果を得，解決の過程や結果を振り返って統合的・発展的に考察する過程である。これらの過程を通して，数学的概念を形成したり，数学を活用する方法を理解したり，数学の体系化が行われたりする。

　数学的活動は重要であるが，一方で「日々の授業において，実現は難しい」と思われてはいないだろうか。しかし，授業における児童の考えを丁寧に聞いてみると，児童は，数学的活動に取り組み，概念をつくり出そうとしている。数学的活動の萌芽はたくさん見られるが，その芽を育てられていないことが多いのではなかろうか。

　本節では，まず，数学的概念をつくり出そうとしている児童の数学的活動の様相を記述するとともに，数学的活動を充実した活動にするために，その様相を問いに着目して考察する。次に，「数える」活動に焦点を当て，今後大切にしていきたい数学的活動について考察する。

2 小数をつくり出そうとする児童の数学的活動の様相

(1) 小数の起源

　小数と分数は，いずれも整数単位での端数を処理するために生まれてきた概念である。生まれた目的は同じであるが，生まれるまでにかかった時間や経緯は全く異なる。分数は，古代エジプトのパピルスの中に，既に見いだされる（カジョリ，1970）。その中で分数は，分割や測定によって得られる大きさを表すために用いられていた（鍋島ら，1956）。特に，単位分数を用いて大きさを表現していた点に特徴がある。

　一方，ベルギーのシモン・ステビィン（1548〜1620）によって発明された小数は，分数に比べれば比較的新しい概念である（カジョリ，1970）。小数の発明は，六十進法を用いていた地域で遅れただけでなく，計量単位に十進法を用いていた中国においても遅れた。小さい数に対して，新しい名前の単位をつけ，整数に置き換えて考えていたからである（川口ら，1969）。上記の歴史が示しているように，児童は，かさのはしたを考える際，より小さな単位を考えようとすることが想定される。その考えを大切にしながらも，「1L（またはdL）より少ないかさを，新しい単位で表すのではなく，L（またはdL）で表すことはできないだろうか」という問いについて考えさせることが重要であると考える。歴史において，紆余曲折した内容や多くの時間がかかった内容を学習する際には，児童がその内容と正対できるような発問をすることが重要である。

(2) 小数の導入の授業における児童の数学的活動

　本時の授業は，「既習事項と関連付けるなど，十進位取り記数法の考えを拡張して，はしたの量の表し方を考えることができる」という目標のもと展開された。授業の導入において，教師は色水が入った形状が異なる3つの入れ物を提示し，どの入れ物に多くの水が入っていると思うかを予想させた後，同じ大きさの容器（1dLが入る容器）に分けていく映像を見せた（図1左）。そして，それぞれの容器にどのくらいの水が入っているかを問い，児童は図や言葉を用いて水の量を表現した（図1右）。

図1　左：提示された色水　右：水の量に対する児童の記述

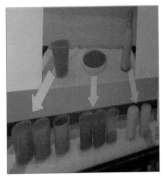
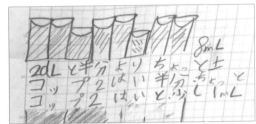

　その後，教師は，半端な部分を「はした」と名づけ，はしたのかさを正確に表すことを学習のねらいとして設定した。児童からは，かさを正確に表す方法として，「もう少し小さい入れ物に入れる」「ものさしで測る」といった考えが出され，こうした考えの共有後，３人程度のグループに分かれて，より明確で具体的な方法の考察へと移行した。

　Aグループの３名の児童は，色水が入った1dLの容器に，ものさしを当てて，計測を行おうとした。まず，桜さん[1]が計測しようとしたのは，容器の底から水面までの高さである。測ろうとしている桜さんに対し，香さんは，「水のかさが何cmかを測らないと」と発言し，あくまでも水の量の高さを計測する必要性を主張した。しかし，桜さんは，水面が容器の底から何cmの高さにあるかが分かれば，水のかさを正確に表すことができると考え，計測を行い，「４cm２mmぐらいじゃない？」と発言した。桜さんも，香さんも測り始める位置は異なるが，水面までの高さを測ることによって，水のかさを正確に表せると考えている点に共通性がある。その後，桜さんと香さんは，水面の位置に黒いマーカーで印をつけたが，それに対し，誠さんは，「計量カップみたいに横に線を引いた方がいいんじゃない？」と発言し，今度は，自分が測ることを主張した。

　誠さんは，まず，容器の底ではなく，水が入っている底の位置から測り始め，水の高さが３cm５mmであることを確認した（図2左）。次に，

容器の高さを測り，「1dLが6cm。このカップ自体が6cm」と発言し，「6cmだから，5mmが何個？」と友達に問いかけた。それに対し，桜さんはものさしを観察しながら，目盛りを数え，「12」と答えた。その後，誠さんは，「カップ自体が12だから。3cm5mmでしょ。6cmで半分以上だから，余ったのが2cm5mm」と発言し，少しの時間考えた。そして，「やっぱり5mmずつで測った方がよくない？」と提案をし，5mmで印をつけていくことにした（図2右）。ここで，グループでの活動は終了し，学級での比較・検討の時間となった。

　学級での比較・検討では，「コップに同じはばの線を書く」「10で分ける」「10等分する」といった児童の発言を受け，水のかさは，2dLと1dLを10等分したうちの目盛り6個分であることが確認された。そして，「2dLとはしの間に「.」をつけて区別し，2.6dLと書き，2.6デシリットルと読む」ことが指導された。

図2　左：水のかさの測定　右：容器に付けられた12個の目盛り

 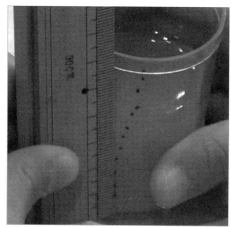

(3)　数学的活動の充実に向けた問いの追究

　Aグループの児童の思考や表現について再考する。水面までの高さを測ることによって，水のかさを正確に表すという桜さんと香さんの考えは，長さならばcmとmmの単位を用いて正確に表現できるという既習を活用していると考えられる。しかし，この考えに対しては，さらに追

究すべきことがある。それは、「はしたをいつも定規で測らなければならないのか。定規で測らなくてもかさが分かる方法はないか」「容器の大きさが異なるたびに長さは変わってしまう。はしたのかさを多くの他のかさと比較するためにはどうしたらよいか」「かさの単位（dL）と長さの単位（cm、mm）の両方を使わずに、かさの単位だけで表すことができないか」といった問いの追究である。

　児童がこれらの問いを問わない場合は、教師が問い、徐々に児童が自らで問えるようになっていくことを期待したい。比較・検討の場面では、数学的活動を進めたり、その活動の評価を行ったりする際に、どのような問いについて考えるのかについても学習している。数学的活動を日々の授業で実現していくためには、何を問うのかを学習させていくことが重要になると考える。

　一方、誠さんは、計量カップのように、目盛りを付ければよいと考え、基準を5mmとして、1dLの容器に12個の目盛りを付けると考えた。この考えは、測定の考えであり、長さにおいて学習した任意単位による測定を活用していると考えられる。また、誠さんは、容器が6cmであり、水の高さが3cm5mmであることから、「半分よりも多い」「残りが2cm5mm」と判断している。差を求めたり、半分を基準に倍で捉えたりし、全体と部分の関係に着目している点が特徴的である。

　しかし、今回の考えは、1目盛りを5mmと決め、容器の高さが6cmであることから、全体の目盛り数の12が導かれており、1LとdLとの関係や、1cmと1mmの関係のように、10倍や$\frac{1}{10}$の関係を参照して、1目盛りが設定されてはいない。誠さんの考えは、優れた考えであるが、十進位取り記数法や量に関する単位のつくり方と整合的につくられていないのである。「1dLより少ないかさを表すとき、1dLの1目盛りをこれまで学習した考えを用いてつくることができないか」といった問いをさらに追究することによって、数学的概念の形成にとって、充実した数学的活動へと変えていくことができると考えられる。

　授業において、児童は、優れた考えを用いて局所的な数学的活動を遂

行している。その数学的活動を充実していくためには，教師による児童の考えの見取りと評価活動並びに，次に考えるべき問いの明確化が必要である。

　次の項では，「数える」活動に焦点を当て，「数える」対象をいろいろと変えながら，学習を進めていく数学的活動について考察する。

3 数学的活動を通して，数・図形・関係の見方を養う

⑴ 「数える」活動：平面

　算数の学習において，「数える」活動は，基本的な活動であるが，自然数の概念形成にとって極めて重要である。また，工夫して「数える」活動は，より能率的な方法を見いだしていくという数学教育的に価値のある活動である。児童には，様々な対象に対し，工夫して個数を求めていく活動を潤沢に経験させていきたい。ここでは，学校にある消火栓設備に付随している音が出る穴に着目してみよう（図3）。

図3　消火栓設備に付随している音が出る穴

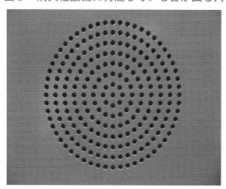

　図3の穴（点）は，同心円状に「きれいに」広がっている。「この点の数はいくつあるのかな」という素朴な問いや，「どのようにすれば点の数が求められるかな」という問いなど様々な問いを生起させながら，考察していく。点の個数については，例えば，次のような求め方が考えられる。

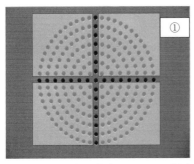

考え1

　点をピザを分けるように４つの部分に分ける。①に着目すると，次のように点が並んでいることが分かる。

　　1，3，5，7，9，11，13

　これらの数字を実際にたし合わせると49になる。だが，たし合わせの場合，点の数が大きくなった場合大変である。そこで，工夫が生まれる。一つ目の方法として考えられるのが，数値を表に整理し，整理した表からきまりを見いだす方法である。具体的には，まず，以下の表を作成し，「和」の数値を「段」の数値との関連でよむのである。

段	1	2	3	4	5	6	7
和	1	4	9	16	25	36	49

　すると，次に示すように，第 n 項目の和が n×n として表すことができることが分かる。

段	1	2	3	4	5	6	7
和	1×1	2×2	3×3	4×4	5×5	6×6	7×7

　二つ目の方法として考えられるのが，具体物を用いて，まず「1，3，5，7，9，11，13」を図４の左のように表し，それを四角形化する方法である。

図４　奇数の和（左）を平方数（右）に並べる方法

　図４の右は，7×7の正方形を表している。このことは，第７項目までの和が7×7として考えることができることを示している。ここで，全体

の点の総数を求めることに戻ってみると，7×7として表される部分（①）が４つあるので，まずその数は，7×7×4として表現できる。また，間にある「＋」の部分の数は，7×4+1と表現できるので，全体の点の総数は次のように表現できる。

$$7×7×4+7×4+1=4×7(7+1)+1=225$$

このように表現しておけば，7段ではなく，第n段もすぐに求めることができる。すなわち，第n段は，4n(n+1)+1である。上記の考えとほとんど同様な考えとして，8等分のピザ分けなども挙げられる。

考え２

左の図における点の数を円に着目して数えていくと，次のように並んでいることが分かる。

1，8，16，24，32，40，48，56

この数列に潜むきまりに着目すると，はじめだけ7増加し（1と8の間），それ以降，8ずつ増加することが分かる。それ故，第２項以降の和を求め，最後に1を加えれば，点の総数を求めることができる。

では，8，16，24，32，40，48，56の和をどのようにして求めるか。一つの方法は，それぞれの数を次のように捉えて計算する方法である。

段	1	2	3	4	5	6	7
点の数	8×1	8×2	8×3	8×4	8×5	8×6	8×7

上記のように捉えれば，上の数列の和は8×（1+2+3+4+5+6+7）と表現でき，点の総数は，8×28+1=225と求めることができる。

この場合に限らず，もっと「段」の数が多くなった場合も考えたい場合は，8×28+1の28を「段」の数(7)との対応で読み込めばよい。つまり，28を7×8の半分とみるのである。

$$8×28+1=8×\frac{7×(7+1)}{2}+1$$

上記の式を用いることで，点の数が多くなった場合でも求めることができる。これらの過程では，対象物を工夫して数える活動が行われると

ともに，一般化するという数学的活動が行われている。

⑵ 「数える」活動：立体

(1)では，平面の対象物に対して，「数える」活動を考えた。そこで，次は，立体の対象物に対して，「数える」活動を考える。図5は，寄木細工の写真である（右は上から見た写真）。この寄木細工と同じものを立方体のブロックでつくろうとした場合，いくつのブロックが必要になるのであろうか。この問いについて考えてみる。

図5　寄木細工

まず，はじめの段数における個数を数えてみる。1段目は1個であり，2段目は5個，そして3段目は13個となっている。つまり，はみ出している部分に前の段の個数を加えた数になっている。ここで，各段数における立方体のブロックの個数の表を作成してみると次のようになる。

段	1	2	3	4	5	6
個数	1	5	13	25		

この表を観察してみると，4の倍数ずつ個数が増えていることが分かる。そこで，この変化の様子を捉えることによって，5段目，6段目の個数を数えなくとも求めることができるようになる。すなわち，5段目は41であり，6段目は61である。しかし，この差（4の倍数）を加えていく方法では，例えば30段目の個数を求める際に大変となる。上の段数から直接的に個数を求めることはできないだろうか。

この問いを解決するために，各段数における個数をよく見てみることにする。そこでまず，具体物を用いて4段目を表してみよう。

図6　4段目の立方体のブロック

図6の左が，4段目の図である。この図をよく見てみると，斜めの個数(4)が段数の数と一致していることが分かる。そうすると，4×4が浮かび上がってきて，図6は，4×4と3×3とを合わせてできていることに気付く。この考えをもとに，先ほどの表を記述し直してみると，次のように表すことができる。

段	1	2	3	4	5	6
個数	1	1^2+2^2	2^2+3^2	3^2+4^2		

　再び，表を観察してみる。すると，個数は，その段の数を二乗した数値と前の段の数を二乗した数値の和となっていることが分かる。この特徴が分かると，例えば30段目の個数は，容易に求めることができるようになる。すなわち，$29^2+30^2=1741$である。なお，第 n 項の個数並びに，第n項までの総数は，次のように表すことができる。

　第n項の個数：$(n-1)^2+n^2=2n^2-2n+1$

　第n項までの総数：$\sum_{k=1}^{n}(2k^2-2k+1)=2\sum_{k=1}^{n}k^2-2\sum_{k=1}^{n}k+1=\dfrac{n(2n^2+1)}{3}$

　算数では，様々な工夫を学習することができる。その工夫の中に，数や図形や関係をどのようにみればよいかという見方の学習がある。児童には，数や図形や関係の視点から，様々な対象に興味をもち，考えることを愉しむとともに，一般化を志向する態度をもってもらいたいと考えている。

【注】
1）児童の氏名は，仮名である。

【引用・参考文献】
川口廷・中島健三・中野昇・原弘道編集（1969），『算数教育現代化全書3 数と計算』，金子書房.
鍋島信太郎・戸田清監修（1956），『算数教材研究講座 数と計算(2)』，金子書房.
フロリアン・カジョリ著，小倉金之助補訳（1970），『初等数学史上・下』，共立出版.
文部科学省（2018），『小学校学習指導要領解説 算数編』，日本文教出版.

3

「思考力・判断力・表現力等」を明確に捉えることはできているのか
―グレーディングされた能力育成へ授業はいかに変わるのか―

1 算数科における思考力・判断力・表現力等

(1) 思考力・判断力・表現力等の明確化にあたって

　教育において，思考力・判断力・表現力等（以下，特に断りがなければ「思考力等」とする）の育成を重視することは世界的流れである。教科を問わず資質・能力の三本柱を掲げることはその流れへの我が国の対応であり，数学的な見方・考え方の具体化及び「算数・数学の学習過程のイメージ」は教科としての算数・数学科の対応である。資質・能力論はとかく抽象的になるので，具体的にしないでは教育課程を構想したり，子供の状態を評価したりすることができない。そのため，実際に思考力等を明確に捉えようとするとき，どのような思考力等があるのかを事前に**リスト化**するだけでは足りず，それらがいつ・どこで働くのか（思考力等の**適時性**）・どのように働くのか（思考力等の**文脈性**）といったことまで含めて考えることになるだろう。

　思考力等の**リスト化**について，『小学校学習指導要領解説 算数編』（pp.18-19）には，例えば次のことが書かれている。

> 【第１学年】ものの形に着目して特徴を捉えたり，具体的な操作を通して形の構成について考えたりする力
> 【第２・３学年】平面図形の特徴を図形を構成する要素に着目して捉えたり，身の回りの事象を図形の性質から考察したりする力
> 【第４学年】図形を構成する要素及びそれらの位置関係に着目し，図形の性質や図形の計量について考察する力
> 【第５・６学年】図形を構成する要素や図形間の関係などに着目し，

図形の性質や図形の計量について考察する力

　これらは，内容領域の一つである「B図形」を事例とするものであり，学年に対応する形で概ね四つの段階（グレード）に分けられ，各段階にはさらに詳細な思考力等が書かれている。例えば，**「図形を構成する要素」**に着目することは，図形の概念を形成する上でも，図形の構成を合理的に行う上でも，図形間の関係を明らかにする上でも関わってくることだが，これらはある学年だけで一挙になされるわけではなく，学年の進行とともに徐々になされていくとされる（グレーディング）。こうして，算数科において思考力等は，学習の内容と切り離すことはできずむしろ学習の内容によって具体的になること，いずれも「～着目し，…する力」という形になっていることから，どこに目を付けるかが思考力等において決定的に重要であること，そして全般的にそうした思考力等は段階的に可能になっていくことを改めて確認しよう。

　ところで，リスト化されて書かれる事柄は，その内容を学習する際に頻繁に登場する代表的なものであって，内容の検討を詳細に行ったり，子供の学習をつぶさに観察したりすれば，学習を進める上で有用な思考力等を別に見いだすことができるだろう。その意味で，リスト化された思考力等は特徴的ではあるものの包括的・網羅的というわけではなく，子供にこのようになってほしいという教育的価値を伴っている。さらに，このリスト化からは，学習の内容が高度になるにつれて思考力等も高度になっていくように見えるだろうが，段階が上がったからといってそれまでの思考力等が不要になるわけではない。むしろ，学年が上がるにつれて徐々に思考力等もまた拡がっていくのだという示唆も引き出すこともできるだろう。資質・能力ベイスの教育課程では，内容の深まりや拡がりとともに，思考力等の発達も期待されているのであり，両者を一体として捉えたいものである。

　次に，思考力等の**適時性**について，「算数・数学の学習過程のイメージ」が関わる。このイメージ図にある「焦点化した問題」の前後にも，

第2章　目指すべき三つの柱の資質・能力の捉え方

数学化したり，解決の構想や見通しを立てたり，解決過程を振り返ったり，結果を意味づけたりといった活動があるわけだが，それぞれの活動に応じるように思考力等が適切に表れることが期待されている。

　例えば，「表現する」ことはあらゆる活動に欠かせない。事象を数理的に捉えるために図や表を使って簡潔に表現すること（数学化の始まり），論理的に推論した過程と結論を的確に表現して批判や批評の対象にすること（数学的な主張や説明），次の学習過程に生かすことができるように得られた結論を公的かつ明確に表現すること（定理や公式としてまとめるといったこと）では，互いに表現の仕方が異なり，また表現する目的も異なる。もし「いろいろな仕方で表してみよう」という教師の促しがあったとして，子供にとって得意な仕方で表現するだけでは，必ずしもその子供に表現力があるとは言えないのではないか。「思考力等が適切に表れる」とは，授業前の計画通りであること，授業の場面（説明，問題解決，振り返り）に応じていること，問題解決を促進させることというように，実際はいろいろの意味をもちうる。思考力等の明確化にあたって，グレーディングされたリストの形で示して終わりなのではなく，実際には状況的な判断ともいうべきものが関わっていることに留意したい。

　最後に，思考力等の**文脈性**について，思考力等には発揮しやすい場面とそうではない場面とがあることである。例えば，算数科でのかけ算の学習では，二次元の配列図によってかけ算の概念や構成，計算の仕方が説明されることが多いが，『小学校学習指導要領解説算数編』には「**必要に応じて具体**

図1

サイコロゲームのとく点（60回）

12	9	7	6	3	2
					●
					●
					●
					●
					●
	●		●	●	●
	●		●	●	●
	●		●	●	●
	●		●	●	●
	●	●	●	●	●
●	●	●	●	●	●
12	9	7	6	3	2

物や図などを用いて，〜考察する力」とされるのみで，特定の図の使用が推奨されているわけではない。

　図１は，小学校３年生による「ゲームの得点を工夫して計算する」授業の一場面で使われた図であり，丸印一つずつの得点の重みに注意しながら合計得点の計算が子供に課された（影山，2023）。この時点で未知であるはずの10を超えるかけ算であっても，「子供たちは丸印一つの得点×丸印の数」という暗黙の公式と同数累加のアイデアを駆使して容易に取り組むことができていた。その一方で，合計点の計算のために，**図１**から配列図を見いだして使うことはなかった。丸印の個数が同じ得点３，６，９に注目すればそこに６行３列の長方形状の配列が現れ，三つの得点の合計18×6個とすることもできたはずだが，このときの子供たちにはこの仕方は採用されなかった。では果たして，この子供たちの思考力等は低調だったと言えるだろうか。

　この場面について，子供による算数について次のことが考えられる。

・子供は，文脈の違いに応じて異なる算数をしている。配列図はかけ算の構成のものであり，得点の計算のような問題解決では，１あたり量×いくつ分の方が適切である。

・子供による思考力等の形成は，学びを進めた文脈に依存する。得点の計算のような場面は子供にとって新規の場面であり，その都度，有効な仕方を考え出す必要がある。

・子供による学習の成果は，文脈を超えて容易には転移しない。かけ算の構成時に使われる配列図は長方形状であり，得点の計算のような問題解決に同様の配列図が見いだされなければ，両者の場面を同じ場面とみなすことはできない。

　子供の状態を観察すると，**図１**の場面をかけ算とみていないわけではなさそうであった。むしろ，得点の数え上げのためには配列図に頼るのではなく，得点ごとに数式によって計算をした方が確実という判断があったかもしれない。このように考えると，思考力等が働いているかどうかを，いずれかの段階への位置づけだけで判断することには危険が伴う

ことが分かるだろう。文脈に応じて思考力等が働いたり，働かなかったりすることは嘆くことではなく，思考力等の捉え方によればむしろ人の特性ともいうべきものである。個人がすべての活動を管理するのは現実的ではないからこそ人々は互いに補い合わなければならないのであり，協働することの意義もまたそこにある。

2 思考力・判断力・表現力等のグレーディング

　ここまで述べてきたリスト化・適時性・文脈性は思考力等について話す際の留意点であるが，本節の関心であるグレーディングに対しては，思考力等への前提，期待とみることにしよう。

　グレードとは字義的には等級，段階という意味であり，思考力等のグレーディングとは，思考力等を等級や段階によって区分して捉えるということである。先に少し触れたように，学習の内容の深まりや拡がりとあわせて，数学的な見方や考え方，思考力等も成長・発達するものだという前提があり，見方・考え方の側から学習の内容を整理しようというのが資質・能力ベイスの教育課程の核心と言える。ここでの成長・発達は，学年を超えた長期的変容をみているのだが，ある短い期間での質の変容をみることは，各授業ないし単元によって設定される評価規準にあたるとすれば分かりよいだろうか。つまり，グレーディングとは，思考力等の優劣を付けるというよりも成長や発達の様子を段階の区分として表そうということであり，各段階にはそれぞれで文脈に応じた意義があるとみるのがよい。

　さらに，教師にとってのグレーディングと子供にとってのグレーディングとがある。カナダの数学教育者デーヴィス（2011）によれば，「何を知っているか」「何を思い，考えるか」とは暗黙的であり，その人自身の行動によって具体的になるとしている。教師にとってのグレーディングであれば，教育的価値を入れ込みながら，短期的・長期的な指導計画の指針としたり，新たな教材解釈の資料にしたりすることで形になるのに対して，子供に対するグレーディングには，多様な行動から垣間見ら

れる思考力等の多様性を尊重するという思いがある。この二重の意義を
グレーディングに与えることは，資質・能力ベイスの授業づくりにおい
て重要である。

　人の思考力等を捉えることは本来，複雑な取り組みである。グレーディ
ングが思考力等の質の違いを指すのに対して，ここでは最後にもう一
つの観点に触れておきたい。つまり，思考力等が何によって発揮され，
進められるかというものである。

　カーネマン（2014）は，人の脳の中の二つのシステムに注目して，「速
い思考」（システム１），「遅い思考」（システム２）を提案している。前者
は自動的に高速で働き，自らがコントロールしているという自覚はない
ものであり，後者は「〇〇するためには，何をしなければならないか」
というように，選択や集中を司るものである。速い思考として，二つの
物体のどちらが遠くにあるかを判断したり，単純な計算（２＋２のような）
をするなどがあり，遅い思考として，大勢の中で特定の人物に注意を向
けたり，ある場面での自身の行動が適切かどうかをモニターするなどが
ある。

　この区分によれば，筋道を立てて考えたり，統合的・発展的に考えた
りといった算数科授業でねらいとされるのは遅い思考にあたる。それに
対して，「経験から学んだことよりも直感的なシステム１のほうが影響
力が強い。つまり多くの選択や判断の背後にあるのは，システム１だと
いうこと」（カーネマン，p.31）が心理学者による研究で言われている。数
学的に考えることは，どこに着眼するかという数学的な見方と深い関係
にあるが，その数学的な見方の候補を挙げてくれるのが速い思考とみる
とよいだろう。図１を見たとき，「でこぼこしている」「同じ長さの列が
ある」と考える速い思考に対して，「得点の計算のためには，列ごとに
計算をして後からたす方が確実だ」「同じ長さの列を束ねると長方形が
できるので，縦×横を利用する」と考える遅い思考との相互作用が起き
ている。思考力等の明確化に伴ってリスト化された思考力等には実際に
はこのような試行錯誤があり，たとえ高学年の子供であっても取り組み

の当初は初歩的なところから始まることを覚えておきたい。

3 グレーディングと学習の内容とのつながり

　以上のように考えてくると，算数科の性格上，学習の内容そのものに思考力等が埋め込まれていることが改めて分かるだろう。そして，算数科の教育課程のもつ一貫性という特徴，つまり同一学年または学年をまたいで，ある基準（論理的系列，系統，数学的構造，子供の発達など）にしたがって概念を徐々に発展させていくことにしたがうと，グレーディングの基準もまた内容の一貫性がヒントになる。

　デーヴィス（2011）にしたがうと，数学の専門家と算数科教師との違いとして，前者が定義や定理の形で知識をまとめていくのに対して（パックする），後者はその逆，つまり学習指導要領や教科書等に明示された知識を解放していくことにあるという（アンパックする）。例えば，算数科で扱われるかけ算の概念は，6カ年かけて徐々に，あるいは劇的に変容していくのだが，それに伴う思考力等の質的変化を意識しよう。

　図2は，かけ算の多様な解釈を視覚的にしたものである。いずれもがかけ算の例示であって，いろいろな方法で表すことよりもむしろ，その概念を何として捉えるかを表している。これらは子供にとって親しみや

図2　2×3＝6の多様性（デーヴィス（2011）参考）

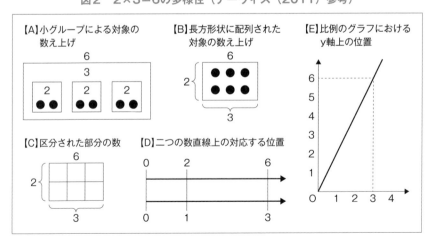

すいとは限らないが，思考力等の適時性や文脈性故，これらに関わることで自然と思考力等が発揮されることも起こりうる。

　例えば，【A】は，子供が最初に出会うかけ算の意味であって，対象の小グループをつくり，ひとまとまりとみること，次いで小グループのまとまりのいくつ分かによって全体の大きさを表すことを示す。ここには数える作業の省力化とともに，無秩序に置かれていた対象に対して「まとまりのまとまり」を続けてつくることで，再帰的構造を与えていることになる。一方，【B】や【C】では，かけ算を面積ないし直積とみており，対象を整列させたり区分したりすることで新たな部分を作り出している。縦と横という二つの次元の導入によって，【A】とは異なるように見える構造を与えている。最後に【D】【E】では，かけ算を特殊な共変関係ないしは比例関係とみており，これまでの二つの数量に一つの数量をあてることとはまた異なった視点を要求している。子供は現行の教育課程上，【A】から【C】までを中学年までに学び，【D】【E】を高学年で学ぶことになっている（【D】にある二つの平行な数直線を垂直に再配置して，二つの数量の関係を平面上の点の位置によって表したものが【E】である）。

　同じ概念の異なる例示の場合，互いの対応関係をみるところに思考力等が働く。【A】から【C】のいずれも「測る」活動が根底にあるのに対して，【D】【E】では，二つの数量の対応関係をみている。数学的な見方，かけ算の例示としてみるために必要な算数の内容，根底にある活動は互いに異なるけれども，これらはいずれも「数量2を1としたときの，3にあたる数量が6である」ことを表している。どの例示から子供に出会わせるかは教育課程編成の問題になるが，小グループ化から二つの数量間の関係へという系統，あるいは二つの数量の組に一つの数量を割り当てるという系統，これらは学習の内容とは異なる思考力等の系統として立てることは考えられるだろう。

4 これからの算数科授業への期待

　最後に，思考力等の明確化とそのグレーディングを通して，算数科授業への期待，求められる教師の心構えを挙げてみたい。

　まず，思考力等は本来，捉えどころのないものである。この事実を認めた上で，子供は思考力等を内に備えており，成長させることができるということ，内に備える思考力等は学習の内容に応じて特徴的なリストとしても書き出すことができること，ただし内から外に出るためには，適時性や文脈性，「速い思考」の働きが関わることを認めることから，授業の設計及び再設計が始まるだろう。これらは，子供観，思考力等に対する信念とも言えるもので，ややもすると受け入れがたい点があるかもしれないが，子供の有能さを引き出し生かすという，資質・能力ベイスの教育課程の根底を思うとき，こうした立場に立ったときの算数科授業の可能性を検討することから始まる。

　次に，思考力等の明確化にあたって，グレーディングは，思考力等の数学的な優劣ではなく，場面に応じた多様性を段階，区分によって表すという点を押さえておきたい。そして，各段階には固有の世界があり^(注)，子供の内に思考力等を認めるということは，その子供はどの世界に生きているのかをみることと同義である。

　子供の身体的成長は不可逆的であるが（成長の過程を逆に辿ることはできないし，過去の自己の状態を思い出すことはできてもそこに至ることもできない），思考力等は成長するにしたがって，どのような場面でどのように対処すればよさそうかという智恵とともに，行動のための指針が増大していくものである。ただし，学習の経過や成果は記述され，次に使いやすいようにまとめられるのに対して，思考力等の変化は自身では感じにくいだろう。したがって，例えば問題解決の場面であれば，どのような方法で臨み，その結果何が起きたのか，うまくいった要因とともにうまくいかなかった要因を合わせてまとめることが大切である。すなわち，思考力等をも学習の対象にするということであり，学習の内容に関わる既習事

項とともに，「既習の思考力等」が自身の中でつくられていくとよい。そうして，子供に対して見知っていることの量の増大とはまた異なる，自身の成長を感じさせることにつなげたい。

　最後に，教材研究の観点として，内容の系統とともに思考力等の成長の系統を加えてはどうか。これまでにも，数学的表現の使用の系統がまとめられることはあったが（同じ物が一方向に並べられた図からテープ図，線分図というように），思考力等の系統化は大胆な試みと言える。学習の内容と関わりの深い思考力等のリストをもとに，概念の現れる局面の系統としてそれは並べられるかもしれない。思考力等の文脈性を思うとき，表現したり活動したりすることを通した具体化という，抽象化とは逆の方向がその系統化を企画する際の原理になると考える。

　(注) 図２での【A】【B】の対象は離散的であって，系列に沿って数え上げたり配列を工夫したりするのに対して，【C】【D】【E】は連続的であり，対象の中に対応する二つの数量を見いだしたりする。算数科は時折，正誤のはっきりする教科とみられるが，思考力等については正誤という問題ではなく，場面にとって適切かどうかが評価の指標になる。

【参考文献】
影山和也（2023），「関数の考えを大切にすることと子供の実際」，『学校教育』，広島大学附属小学校学校教育研究会編集部，52-57.
文部科学省（2018），『小学校学習指導要領解説　算数編』，日本文教出版.
カーネマン, D.著・村井章子訳（2014），『ファスト＆スロー：あなたの意思はどのように決まるか？』，早川書房.
Davis, B.（2011），Mathematics teachers' subtle, complex disciplinary knowledge, Science, 332. 1506-1507.

4

「学びに向かう力，人間性等」を涵養することはできているのか

　現行学習指導要領では，知・徳・体のバランスのとれた「生きる力」を育むことを目指し，各教科等の指導を通して育成したい資質・能力を三つの柱として示している。本節では第三の柱である「学びに向かう力，人間性等」について考える。以下では，まず，「学びに向かう力，人間性等」が意味するところを，目標及び評価の側面から確認する。次に，この資質・能力が涵養されているかを，幾つかの調査に基づいて見ていく。そして，それらから推察される現在の算数の授業づくりの課題等に関して，授業において重視したい場面や教師の役割について考察する。

1 算数科における「学びに向かう力，人間性等」とは

(1) 目標から

　学習指導要領解説総則編において，「学びに向かう力，人間性等」は次のように述べられている。

> 　児童一人一人がよりよい社会や幸福な人生を切り拓いていくためには，主体的に学習に取り組む態度も含めた学びに向かう力や，自己の感情や行動を統制する力，よりよい生活や人間関係を自主的に形成する態度等が必要となる。これらは，自分の思考や行動を客観的に把握し認識する，いわゆる「メタ認知」に関わる力を含むものである。こうした力は，社会や生活の中で児童が様々な困難に直面する可能性を低くしたり，直面した困難への対処方法を見いだしたりできるようにすることにつながる重要な力である。また，多様性を尊重する態度や互いのよさを生かして協働する力，持続可能な社会づくりに向けた態度，リーダーシップやチームワーク，感性，優し

さや思いやりなどの人間性等に関するものも幅広く含まれる。(文部科学省, 2018a, p.38)

　ここには,「メタ認知」に関わる力, 他者と協働する力, 優しさや思いやり等の人間性が挙がっている。そのベースにはOECDの社会情動的スキルのフレームワーク(「目標の達成」「他者との協働」「感情のコントロール」)がある(例: 経済協力開発機構, 2018)。また, 無藤は, 中央教育審議会の議論を振り返り,「学びに向かう力」について,「それらの全体を俯瞰しつつ, どこに進むかを見通しながら, ここまで何が分かってきたか, 何が分からないかを振り返りつつ, 再び前に進んでいく。そこでは, 見直し見通す力と, 前に向けて進めていく意欲, さらに最後までやり遂げようとする意志の力や, 難しいことに立ち向かう挑戦しようとする気持ちが必要になる。そういったことを合わせて, 今回『学びに向かう力』と命名した。」(清水・齊藤, 2017, p.21)と述べる。メタ認知や情意的な力は, 思考を進める原動力としても考えられていることが分かる。
　算数科の目標において, 第三の柱は以下のように記述される。

　　数学的活動の楽しさや数学のよさに気付き, 学習を振り返ってよりよく問題解決しようとする態度, 算数で学んだことを生活や学習に活用しようとする態度を養う。(文部科学省, 2018b, p.22)

　この目標に関して, 以下のように重要な事項が述べられている(文部科学省, 2018b, pp.27-29)。
・数学的活動の楽しさ:国際調査結果等が示すように, 日本の児童の「算数の楽しさ」についての課題が継続している。「児童は問題解決に本来興味をもち, 積極的に取り組む姿勢を有している。」(p.27)ことを認識し, 児童の本性に根ざした数学的活動を積極的に取り入れ, 楽しい算数の授業を創造することが大切である。
・数学のよさ:「数量や図形の知識及び技能に含まれるよさもあるし,

p

第2章　目指すべき三つの柱の資質・能力の捉え方

数学的な思考，判断，表現等に含まれるよさ」もある。よさを狭く考えずに，様々な視点から算数の学習を捉え，児童が自らよさに気付いていくようにすることが大切である。

・学習を振り返ってよりよく問題解決：「算数の学習に粘り強く取り組み，よりよい問題解決に最後まで取り組もうとする態度の育成」が大切である。その中では，自ら判断したことを振り返り，状況によっては批判的に検討する等して，考察を深めたり多面的に分析したりすることも行っていくようにする。

・生活や学習への活用：「算数の学習で身に付けた資質・能力を生活や学習の様々な場面で活用すること」が大切である。そのことによって，児童にとって学習が意味あるものとなり，数学のよさを実感を伴って味わえる。この点の実現のためには，児童が自ら数学的な見方・考えを働かせながら算数を学習することが大切である。

また，数学的活動では「問題解決の過程において，よりよい解法に洗練させていくための意見の交流や議論など対話的な学びを適宜取り入れていくことが必要である」（文部科学省，2018b，p.8）と述べられ，他者との協働に関わる資質・能力の育成も重要な視点とされている。

算数科の目標における「学習を振り返ってよりよく問題解決しようとする態度」は，改訂において新たに加わった部分である。「メタ認知」に関わるこうした資質・能力を，他者と協働する資質・能力とともに育てていくことが目指されている。

(2) 評価について

「学びに向かう力，人間性等」は，情意や態度に関わるため評価が難しい。国立教育政策研究所（2020）は，第三の柱が次の2つの部分から成ることを指摘し，評価の対象への注意を促している。

・「主体的に学習に取り組む態度」として，観点別学習状況の評価を通じて見取ることができる部分

・観点別学習状況の評価や評定にはなじまず，こうした評価では示しきれない部分

そして前者に関して，2つの側面の評価を求めている（p.10）。

① 知識及び技能を獲得したり，思考力，判断力，表現力等を身に付けたりすることに向けた粘り強い取組を行おうとしている側面

② ①の粘り強い取組を行う中で，自らの学習を調整しようとする側面

これらの側面の具体的な評価の方法として，ノートやレポート等における記述，授業中の発言，教師による行動観察や児童生徒による自己評価や相互評価等が挙げられている。算数における事例を見ると，例えば，机間指導の間に，前時までのノートを見返したりしているか，1つの方法での解決の後別の方法で試みているか，言葉や図での説明を書き加えているか，うまくいかなかった解決方法を修正したりしているか，友達への説明を念頭に置いて着想や説明を書き加えているか等の観察が見られる。さらに，単に評価するのではなく，望ましい態度をクラスに紹介する等，よりよい学び方について共有していくことが奨励されている。事例を通して，ノートの取り方の指導，他の児童との対話的な学びの視覚化，児童の発達の段階を考慮した評価の仕方の工夫等も示されている（pp.68-77）。

このように，目標と整合するかたちで，評価においては，「粘り強い取組」や「自らの学習の調整」という側面に光が当てられている。また，評価をどう指導に生かすかについて述べられ，「指導と評価の一体化」が重視されている。

2 「学びに向かう力，人間性等」は涵養されてきているのか

それでは，「学びに向かう力，人間性等」は涵養されてきているのだろうか。答えを得るのが難しいであろうこの大きな問いに対し，ここでは2つの調査結果を参照してみたい。1つは全国学力・学習状況調査である（国立教育政策研究所, 2023）。質問紙調査には，算数の学習に対する興味・関心等が含まれている。その中には，粘り強さ，よりよい方法への改善に関わって，2つの質問項目がある。

・算数の問題の解き方が分からないときは，あきらめずにいろいろな方

法を考える（令和4年度：「当てはまる」(45.0%)「どちらかといえば当てはまる」(35.4%)）

・算数の授業で問題を解くとき，もっと簡単に解く方法がないか考える（令和4年度：「当てはまる」(44.0%)「どちらかといえば，当てはまる」(32.9%)）

　いずれも，平成24年度以降の回答結果が蓄積されているが，調査開始時と比べてあまり変化は見られない。同じ質問がなされている中学校では，若干の向上が見られる。

　また，算数に限らないが，協働で取り組むことに関わる以下の質問項目がある。

・学級の友達との間で話し合う活動を通じて，自分の考えを深めたり，広げたりすることができていますか（令和5年度：「当てはまる」(38.7%)「どちらかといえば当てはまる」(43.2%)）

　この質問に対する肯定的回答は，調査開始時と比べて増加の傾向が見られる（平成26年度：「当てはまる」(22.8%)「どちらかといえば当てはまる」(43.1%)）

　また，以下の質問項目もある。

・自分と違う意見について考えるのは楽しい（令和5年度：「当てはまる」(32.1%)「どちらかといえば当てはまる」(44.5%)）

・友達と協力するのは楽しい（令和4年度：「当てはまる」(72.6%)「どちらかといえば当てはまる」(21.4%)）

　質問紙調査におけるこれらの質問項目への回答からは，友人と話し合ったり協力したりして，共に学ぶ機会は，近年増加傾向であることがうかがえる。しかし，「メタ認知」として捉えられている資質・能力については，以前に比べてそれほど向上している様子は見られない。

　参照する他の1つはOECD Global Teaching Insight（GTI）である（国立教育政策研究所，2021）。この調査は，中学校数学の授業ビデオ研究調査として行われた。GTIでは8か国・地域が参加し，二次方程式を指導する数学教員とそのクラスの生徒（日本は中3）を対象に，調査対象単元での2回の授業撮影，指導案等の収集，さらに，学習の前後に質問紙調査

やテストが行われた。日本からは公立・附属を含む73校が参加し，2018年にデータが収集された。授業の分析では，6つの指導実践領域を設定し，各領域について授業分析用のコードやスコアを開発し，指導実践や学習状況の客観的なデータを用いている点が特徴である。

　6つの領域の中に「社会的・情緒的支援」がある（国立教育政策研究所，2021, pp.62-74）。教員と生徒の間の敬意，励ましと温かさ，粘り強さに対して，それらが見られる場面が授業の中にあるか，どの程度の支援が行われているかが観察され，スコアとして数値化された。結果を見ると，「敬意」及び「励ましと温かさ」についての日本のスコアは，他国と比べて高い。日本の授業では教員と生徒は互いへの敬意を払った言葉遣いをし，また，教員や生徒が学習全体を通して生徒を励ましたり，温かさを共有する瞬間（例：ほほえみ，笑い，冗談）があったりする。しかし，「粘り強さ」に対しては，他国と比べて高いとは言えない結果であった。「粘り強さ」では，「教員の支援の下，生徒は間違いや数学に苦戦した際に，粘り強く取り組んだかどうか」が観点であり，教員が間違いを指摘する様子や，生徒自身が間違いに気付く様子を探して，その頻度や程度をもとに1〜4の範囲で数値化が行われた。日本の平均スコアは1.45であった（8か国中6位）。報告書では，半数以上の日本のクラスで，生徒の数学的間違いや苦戦したことに対して，教師が対処しなかったり，表面的な励ましによって取り組む努力を促したりすることにとどまっていたことが述べられている。

　「学びに向かう力，人間性等」に関わって，授業中の教師の行為や児童の学びについての調査は，管見の限りあまり見られない。そうした現状の下，中学校での調査であるがGTIの結果は興味深い。そこからは，「粘り強さ」に関わって，授業において，数学に生徒が苦戦している場面での教師の対処についての課題がうかがえる。

３ 「学びに向かう力，人間性等」を育てる授業に向けて

　上述してきたことから，「よりよく問題解決しようとする」上で必要

となる「粘り強さ」や「自己調整」する力の育成は，要点であるが課題でもあることが分かってきた。これを受け，ここでは「学びに向かう力，人間性等」を涵養するために，算数の授業でどのような場面を大切にすべきかを述べていく。

　その際，清水（2021）に基づき，第三の柱と他の二つの柱との関係性に注目する。総則では「学びに向かう力，人間性等」は，「他の二つの柱をどのような方向性で働かせていくかを決定付ける重要な要素である」（文部科学省, 2018a, p.39）とされている。清水（2021）は，数学的問題発見や問題解決の探究におけるこの関係性を重視する。そして，第二の柱を「数学的に考える資質・能力の屋台骨」，第三の柱を「探究を支えるハート」とし，「メタ認知」と「人間性等」について次のように主張する。

　　これらは，いずれも，探究の過程で重要な働きをするものであるが，探究の成果と関連付けて顕在化されることはめずらしく，行間に埋もれてしまうことが多いようである。第三の柱について，その指導と評価を着実かつ確実に進めていくためには，探究の過程で，あるいはそれを振り返って，その節々でなされた，メタ認知や人間性等に深く関わることを顕在化することが必要になる。このためには，児童の協力も必要になる。（清水, 2021, p.5）

　清水の主張は，算数の授業を「学びに向かう力，人間性等」から省察する視点を与えていると考える。以下では，数学的活動という探究の過程やその振り返りにおいて，「メタ認知」や「人間性等」に関わることを顕在化したり，価値づけたりすることについて述べてみたい。

(1)　児童が試行錯誤をする場面

　授業において注意を向けたい場面の1つは，試行錯誤をする場面である。試行錯誤には，「種々の方法を繰り返し試みる」「失敗を重ねる」「追求する」などが含まれる（デジタル大辞泉）。そこには，児童が粘り強く，自分の解決に関わって自己調整をする過程が含まれている。個々の児童

はそうした経験をしているだろうか。サッと式と答えを書いて終わったときは，試行錯誤をしているとは言えない。一方，ノートの端に何かを書いては消して問題に取り組んでいる児童を見ることがある。何がどう進んでいるのかは外からは分かりにくいが，試行錯誤をしていると言えよう。一人ひとりが自分なりの試行錯誤をし，問題の理解を深めたり，問いを探究したりする機会が授業の中にあるかを振り返る必要がある。

　児童が試行錯誤する上では，使う方法や表現等を自分自身で考案したり，選択したりする自由があることも大切である。この点で，アプローチの仕方や解決方法が多様な算数の問題は重要である。問題に取り組む前に，使えそうな方法や表現，アイデア等を児童に挙げてもらい見通しをもたせる手立ても，児童が思考の道具を自分で選択をすることを促すと考えられる。ただし，どのようなタイミングで，どの程度の見通しをもつのがよいかは，児童の実態や問題に対して抱いている問い等との関わりから，研究が必要である。

　試行錯誤の只中では，自分の思考の外化が大切である。メイソンら(2019)は，問題の解法を探す過程でひらめく考え，行おうとしたことや感じたことを記録に残すことで，気付くことが増え，思考力も磨かれていくことを指摘する。試行を促す上では操作的表現による外化も有効である。デジタル教材の活用によっても外化を促進できる。筆者は，タブレット上で図形の切り貼りができるアプリを用いて，台形の面積を，既習の図形に変形して求めている児童の様子を観察したことがある。画面上では，うまくいかなければ簡単にリセットできる。その児童は，自分が思いついたアイデアを次々に試し，失敗を繰り返しながら，自分なりの経路で方法を見いだしていた。

　他者への言語化も，試行錯誤を進める上で役立つ。この点で，一人だけでなく，友達や教師との会話が大切になる。児童が友達と会話をしたくなるタイミングを捉えて，ペアやグループ活動のような活動を組み入れることが大切である。しかし，他者との会話ありきではない。個々に進んでいる解決過程の発話が互いの思考を促すこともある。大金ら

（2019）は，グループ内の発話を「つながりがある」「つながりがない」を視点に分析しているが，自分の迷いや思考を整理する「つながりがない」つぶやきであっても，友達の思考に影響し，役割を果たしていることを指摘している。児童の試行錯誤の実際を様々な角度から理解し，促していく必要がある。

　試行錯誤は，答えを見つけることに限定されるものではない。答えが見つかった後に，解決過程の説明を考えることへの試行錯誤もある。解決方法が，他の数値や場面でも使えるかどうか，今まで学んできた事柄とどう関連づけられるか等，児童が主体的に取り組むことのできる課題は多様にある。授業を通して育成したい資質・能力に関わる試行錯誤を教材研究することが大切である。

⑵　児童の困り具合を共有する場面

　高橋・小宮山（2021）は，学習を振り返ってよりよく問題を解決しようとする態度を育成するために，「困り具合」を共有することの重要性を述べている。授業中，例えば個別解決の時間に，児童は様々な「困り具合」を経験する。こうした個々の児童が直面する「困り具合」について，その後の発表や比較・検討の場面において取り上げ，クラスの皆で寄り添い，考えていくことを繰り返すことが大切であると言う。

　児童は，それまでの学習や経験を意識的・無意識的に使って現在の問題にアプローチする。その中で直面する様々な困り具合は，児童が知識等を選択し，活用している姿でもある。児童なりの選択・活用の仕方を取り上げ，その後ろにある児童なりの理由や気持ち（高橋・小宮山は「論理」と言う）を共に考えることは，既習を振り返り，今まで気付かなかったよさ，注意点，理由，アイデア等に気付く機会となる。さらに，既習をどう関連づけていくか，どの既習を選ぶかといった，よりよく問題を解決するための知識を学ぶ機会ともなるであろう。

　高橋・小宮山（2021）は，「$\frac{3}{4}$と$\frac{6}{8}$」の大小比較の課題に対して，個別解決時に「$\frac{3}{4} > \frac{6}{8}$」と答えだけをノートに書き，「今日は，分子と分母どっちも違うからよく分からない」と発言したK児の例を挙げている。

K児は，前時の学習感想に，授業で用いたピザの図による説明について，「ピザの図をつかうとわかりやすい」と書いており，印象に残ったピザの図を本時で用いて説明を試みた。しかし，分けてはみたものの，大きさをうまく比べることができず，「困り」を抱えていた。クラスではK児の発言を取り上げ，皆で考えていった。その中で，前時でピザの他に出された数直線を用いたらよいのではないかという意見が出される。さらに，数直線を用いて検討する中で，1を揃えることの重要性が顕在化され，数直線上での解決がなされていった。K児は，授業を通して自分の意見を「$\frac{3}{4}=\frac{6}{8}$」に変えていった。さらに，「2倍だけじゃなくて，3倍でも等しい分数になるのか」という感想も書いていた。次時にその課題を扱った際には，1を揃えた数直線を並べて$\frac{1}{2}=\frac{2}{4}=\frac{3}{6}=\frac{4}{8}$等を確かめ，「何倍でも同じ数だからOK」とノートに書いた。数直線を活用しながら探究を進めていっている様子が見られた。

　児童が感じる「困り具合」を共有することは，児童が見せる自己調整の実際に寄り添うことでもある。上の例が示すように，そこでは，児童による既習内容の受け止め方が顕在化したり，調整の仕方についての異なる視点が得られたり，新たな探究が始まったりする。一人の児童のユニークな実際が，他の児童に対しても様々な学びの機会を与えてくれる。

(3)　自分の試行錯誤や困り具合を振り返り，次の学びに向けての意思や期待を考える場面

　ポリア（1954/1994）は問題解決の過程を4つの局面で捉えるが，4つ目に挙がっている「振り返ってみること」は，最後にのみ位置づいているわけではなく，他の局面と関わり合いながら，問題解決過程の進展を支えている。授業の展開においても，振り返りの場面は，授業の終盤だけで行われるものではない。むしろ，授業途中に節目を作って思考を振り返ることは自然であり，算数の学びとして重要な要素を含んでいるところでは，児童に「立ち止まる」ことを求めることが大切である。(1)や(2)で述べてきた内容は，こうした思考の振り返りに関連する。児童が発する問い，戸惑いや疑問（いわゆる「もやもや」とした感情）には，そのよ

うな重要な要素が含まれることが多い。教師の予想とは異なるかもしれ
ないが，児童の問いに寄り添い共に考え合うことで，課題が明確になっ
たり，解決の方向が見えてきたり，新たな問いが生まれたりする。

　授業の全体を振り返ることも大切である。その際は，本時で学んだ知
識・技能だけでなく，問題解決の過程を振り返りたい。それは，既習事
項との統合や発展が可能となる機会でもある。その際，自分の解法につ
いて，なぜそのような発想や選択に至ったのか，どこで苦労をしたり，
詰まったりしたのか，どんな発想や選択がその苦労を乗り越えることに
寄与したのか，今後の学びに向けて今どのような意思や期待をもってい
るか等，情意面を含めて振り返ることができる。また，他者とのやりと
りを行ったことの影響，例えば，困っているときにどんな新たな視点が
得られたか，どこで役立ったか，一方，自分は他者の考えについて理解
しようとする中で何を得たか等，友達と協力することについて振り返る
こともできる。

　このように，自分が辿った（選択した）思考の過程を見直すことで，
次の学びに向かう新しい問い，次の問題解決における自分の行動プラン
に思いをつなぐことを大切にしたい。

4 おわりに

　探究の過程や振り返りにおいて第三の柱をより顕在化させていく上で
は，教師自身が，算数の授業で大切にする「学びに向かう力，人間性」
が何であるか，具体的な児童の姿を意識することが大切である。ときに
は，教師が大切にする「学びに向かう力，人間性」の姿を児童に話すこ
とも有意義であろう。態度の涵養においては，児童の行動を見取り，価
値づけていくことが必要である。なぜその姿が大切なのか，求められる
力が何であるかを児童に伝えることは，児童に行動上の方向を与えるこ
とになると考えるためである。

　最後に，個性溢れる一人ひとりの児童を考えたとき，よりよい学びを
作るための活動に，教科横断的な側面やSTEM/STEAM教育といった

視点を取り入れることについても，様々な可能性を見いだしていきたい。また，児童が表現方法や解決方法に関して，自分自身で選択や決定を行い，問題解決を進める姿には，自己評価の側面がある。児童が主体的に学習を調整できるようにするために，児童が評価活動に参加する機会を，授業の中に作り出すことも大切であると考える。

【引用・参考文献】
経済協力開発機構（OECD）（編著）（無藤隆／秋田喜代美（監訳））（2018），『社会情動的スキル：学びに向かう力』，明石書店.
国立教育政策研究所（2020），『「指導と評価の一体化」のための学習評価に関する参考資料: 小学校算数』，東洋館出版社.
国立教育政策研究所（編）（2021），『指導と学習の国際比較: よりよい数学授業の実践に向けて』，明石書店.
国立教育政策研究所（2023），教育課程研究センター「全国学力・学習状況調査」
　https://www.nier.go.jp/kaihatsu/zenkokugakuryoku.html（2023.8.12参照）
ジョン・メイソン，リオン・バートン，ケイ・ステイスィー（吉田新一郎訳）（2019），『教科書では学べない数学的思考』，新評論.
文部科学省（2018a），『小学校学習指導要領（平成29年告示）解説総則編』，東洋館出版社.
文部科学省（2018b），『小学校学習指導要領（平成29年告示）解説算数編』，日本文教出版.
大金正道，日野圭子，牧野智彦（2019），協同的な学びの促進を図る算数の授業づくり，日本数学教育学会誌, 101(6), 2-10.
ポリア, G.（柿内賢信訳）（1954, 1994），『いかにして問題をとくか』，丸善.
清水静海（2021），学びを人生や社会に生かそうとする「学びに向かう力，人間性等」:資質・能力の三つの柱の関係性に着目して，新しい算数研究, No. 606, 4-7.
清水美憲，齊藤一弥（編著）（2017），『平成29年版小学校新学習指導要領ポイント総整理 算数』，東洋館出版社.
高橋丈夫，小宮山洋（2021），「学びに向かう力・人間性等」の涵養②: 学習を振り返ってよりよく問題を解決しようとする態度と数学的活動，新しい算数研究. No. 606, 20-23.

第 3 章

新しく変わった領域を
どう捉えるか

新設された領域をいかに捉えるか
—変化と関係：関数の見方の重視と中学との連携から—

1 はじめに

　本稿では平成29年告示の学習指導要領から新設された「C変化と関係」
領域について，中学校数学との連携の観点からどのように関数の見方・
考え方の指導を行っていけばよいのかを，具体的な事例をもとに論じて
いく。

2 中学校数学における「C関数」領域について

　中学校数学にける関数の学習は「C関数」領域で行われる。平成29年
告示の中学校学習指導要領解説数学編（p.50）には，関数指導の意義に
ついて以下のような記述がある。

　　　自然現象や社会現象などの考察においては，考察の対象とする事象
　　の中にある対応関係や依存，因果などの関係に着目して，それらの
　　諸関係を的確で簡潔な形で把握し表現することが有効である。<u>中学
　　校数学科においても，いろいろな事象の中に潜む関係や法則を数理
　　的に捉え，数学的に考察し表現できるようにすることをねらいとす
　　る。</u>（下線筆者）

　筆者が下線を引いた文章の冒頭には，「中学校数学科では」という表
現ではなく，「中学校数学科においても」という表現が用いられている。
この表現は小学校算数からの継続を意識した表現であるとともに，そこ
では「いろいろな事象の中に潜む関係や法則を数理的に捉え，数学的に
考察し表現できるようにすること」の重要性が述べられている。このこ
とからは，小学校算数科の「C変化と関係」領域の主な学習内容の一つ
である「関数の考え」の育成が中学校数学でも大切にされていることが

分かる。中学校数学との接続においては，小学校算数科で大切にされ続けてきている「関数の考え」の育成を充実することが求められていると考えられるのである。

３ 小学校「Ｃ変化と関係」領域と「関数の考え」

(1) 小学校「Ｃ変化と関係」領域について

小学校学習指導要領解説算数編には，「Ｃ変化と関係」領域で働かせる数学的な見方・考え方に着目して，「Ｃ変化と関係」領域で学習される内容を整理すると，次の３つにまとめることができるとある。

「① 伴って変わる二つの数量の変化や対応の特徴を考察すること

② ある二つの数量の関係と別の二つの数量の関係を比べること

③ 二つの数量の関係の考察を日常生活に生かすこと」(p.62)

①は「関数の考え」に関わる内容であり，②は「割合」に関わる内容である。また，③はそれらの考察を日常生活に生かすことを示している。

「関数の考え」は従来の「数量関係」の領域において，主な内容の一つとして指導されてきたものであり，伴って変わる二つの数量に着目し，考察することに関わる。また，「割合」に関わる内容とは，割合や単位量あたりの大きさ，比等がそれにあたる。ここで忘れてはならない大切なことは，「関数の考え」と「割合」には密接な関係があることである。以下，「濃さ（濃度）」を例に，その関係について触れる。

「濃度（濃さ）」は「割合」の単元で学習される内容である。コーヒーに牛乳を入れコーヒー牛乳を作ったり，水にカルピスの原液を入れてカルピス水を作ったり，絵の具に水を混ぜ，お気に入りの色を作った経験はだれしもがあるのではないだろうか。この際，一度で希望の味や色ができればそれでよいが，味が濃かったり希望の色に届かない場合は，牛乳や水を少しずつ足していくであろうし，味が薄くなってしまったり，希望の色よりも色合いが薄くなってしまった場合には，コーヒーやカルピスの原液，または絵の具を足すであろう。ここで行われていることは，味や色合いが，コーヒーと牛乳の関係や水とカルピス，はたまた水と絵

の具の量の関係で決まることを感覚的に理解し，または経験から，その調整をしているのである。言い換えれば二つの数量の関係の考察の始まりであり，「関数の考え」につながる，一つの側面なのである。

　以下，中学校数学との接続の観点から「関数の考え」の育成の充実について述べる。

(2)　「関数の考え」とその育成の際に配慮すること

　「関数の考え」は，事象の変化を捉えて問題解決に生かす資質・能力の中核となる考えである。

　「関数の考え」の特徴は，ある数量を調べようとするとき，それと関係のある数量を見いだし，見いだした数量の間にある関係を把握して，問題解決に利用するところにある。問題解決のプロセスに沿って，その「関数の考え」の思考過程を述べると次のようになる。

　最初は，ある場面での数量や図形についての事柄が，他のどんな事柄と関係するかに着目する過程である。ある数量が変化すれば，他の数量が変化するのかどうか。ある数量が決まれば，他の数量が決まるのかどうか。こうした見方で物事を見ることができるようになると，二つの事柄の間の依存関係を調べることができるようになる。これが，関数の考えの第一歩である。その際，考察の対象となる事柄の範囲を明確にすることも大切である。

　次に，二つの事柄の変化や対応の特徴を調べていく。伴って変わる二つの数量の間に，変化や対応の規則性などの関係を見つけられることがある。その際，数量やその関係を言葉，図，数，表，式，グラフを用いて表すことで，表現されたものから，さらに詳しく変化の様子や対応の規則性を読み取ることもできるようになる。

　さらには，上述のようにして見いだした変化や対応の特徴を，様々な問題の解決に活用するとともに，その思考過程や結果を表現したり，説明したりするのである。ここでは，用いた方法や結果を見直し，必要に応じて，目的により適したものに改善することもある。

　「関数の考え」は，これら一連の過程を通して問題解決に生かされる

ものである。この節では，小学校学習指導要領（平成29年告示）解説算数編（pp.62-63）を参考に，「関数の考え」について述べてきた。この「関数の考え」は，小学校では，その多くが第４学年の変わり方調べの単元で行われている。その際，そこではどうしても，依存関係にある２量がほぼ明らかな状況にあり，直面している問題を解決するのに必要な依存関係にある数量の考察が十分になされない傾向にある。また，表から発見されたきまりを用いて問題を解決する際には，そのきまりが正しいかどうかについて，その多くは議論されぬままにきまりが適用され問題解決がなされている。表から見いだしたきまりを図示すると，図の変化の仕方から，常に同じように図が変わっていくことが視覚的に明らかになり，そのきまりがずっと続いていくことが垣間見える。図示することで，きまりの整合性をとることができるのである。

　以下では，具体的な事例を通して，中学校数学との接続を考える際に，「関数の考え」で留意したい点について述べる。

４ 事例について

(1) 事例１：第５学年「割合」

　５年生で指導される「割合」の導入では，多くの教科書会社がシュートの場面を用いている。さて，みなさんなら，導入場面においてどのように課題を提示し授業をされるであろうか。「関数の考え」の育成，さらには，解決したいある場面での数量や事柄が，他のどんな事柄と関係するかに着目する力を育てたいならば，何の意図もなく投げたシュートの本数と入ったシュートの本数の書かれた表を，提示してはいけないのではないだろうか。

　筆者は，３日間のバスケットボールのフリースローの練習場面の動画を見せることにしている。子供たちに動画を見せた後，どの日の練習の調子が最もよかったと考えることができるか？を問うのである。実際には，子供たちに「一番調子がよかったのは，何日目だろう？」と問うている。動画を見せ，そこから見て取れる様々な情報の中から，「調子」

の良し悪しにつながるであろうと考えられる数量を自ら抽出する過程がそこには存在する。この過程こそが前述した「関数の考え」の最初の過程であり，小学校算数においても中学校数学においても，直面する問題を解決していく上では大切な過程だと考える。

<問題>　一番調子がよかったのは何日目？

すると子供たちからは，「失敗した回数」のみに着目する意見や「投げた回数」と「入った回数」に着目する意見，「投げた回数」と「失敗した回数」に着目する意見や数え忘れていたので，もう1回見せてほしいという意見等々，様々な意見が出される。そこでは，まず，調子のよさをどのように判断するのか，平たく言えば何と何の関数として考えるのか？の議論がなされる。そして授業が進んでいく。場合によってはすぐに「投げた回数と入った回数」「投げた回数と失敗した回数」「入った回数と失敗した回数」のどの数量とどの数量に着目するのかが焦点化されないこともあるが，順番に授業で取り扱うことを約束し，「投げた回数と入った回数」から授業をしていくと，多くの場合は他の場合を議論することなく子供たちは「調子」について納得していく。

(2)　事例2：第4学年「変わり方調べ」

以下に示す問題は，4年生で指導される「変わり方調べ」のまとめや高学年でトピックとして扱われる問題である。「差一定」や「和一定」，「商一定」や「積一定」の場面ではなく，若干難易度の上がる問題ではあるが具体物の操作が伴う興味深い問題である。

<問題>
テープを1回折って，折ったテープの真ん中を切ると，テープは3本に分かれます。2回折って，折ったテープの真ん中を切ると，テープは5本に分かれます。3回折ってテープの真ん中を切ると，テープは9本に分かれます。4回折ってテープの真ん中を切ると，テープは17本に分かれます。6回折ってテープの真ん中を切ったとき，テープは何本に分かれるでしょうか。

前述の問題を提示し，子供たちに答えを聞いた。出された答えは，53本と65本の2通りであった。答えが分かれたので，それぞれにどのように解決したのかを問うた。

　子供たちの多くは問題文の情報から，「折った回数」と「分かれた枚数」をそれぞれ独立変数と従属変数とした表にまとめ，そこからきまりを見いだし，「6回折ってテープの真ん中を切ったときに分かれるテープの本数」を求めていた。そこでは，次の2つの表が提示された。

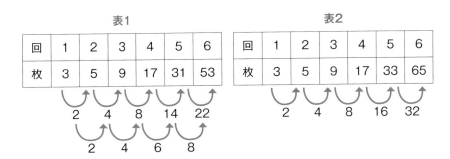

表1

回	1	2	3	4	5	6
枚	3	5	9	17	31	53

2　4　8　14　22

2　4　6　8

表2

回	1	2	3	4	5	6
枚	3	5	9	17	33	65

2　4　8　16　32

　表1は，問題文中の（1回，3枚），（2回，5枚），（3回，9枚），（4回，17枚）の情報から枚数の増え方，折る回数が増えるごとに＋2枚，＋4枚，＋8枚，のさらに差，つまり階差を考え，階差が＋2枚，＋4枚と増えていくことから，その先が＋6枚，＋8枚，＋10枚……となっていくと考え，6回折って切ったときに分かれる枚数を53枚と求めた表である。一方表2は，問題文中の（1回，3枚），（2回，5枚），（3回，9枚），（4回，17枚）の情報から枚数の増え方，折る回数が増えるごとに＋2枚，＋4枚，＋8枚と倍々になっていくと考え，その先が＋16枚，＋32枚……となっていくと考え，6回折って切ったときに分かれる枚数が65枚になると求めた表である。

　実際に紙を6回折って，その真ん中を切ってみようとするとなかなか難しい。そこで，折った回数が増えていくにつれて，切ったときの枚数がどのように増えていくのか？を図で考えていくことになった。発表された**図3，図4**は共に点線が折り目を表しており，実線が切り目を表している。

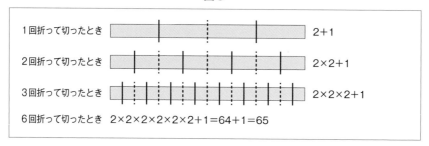

図3

1回折って切ったとき	2+1
2回折って切ったとき	2×2+1
3回折って切ったとき	2×2×2+1
6回折って切ったとき 2×2×2×2×2×2+1=64+1=65	

　図3からは，切り目（実線）は常に「折り目（点線）の数＋1」となっていることが分かるとともに，折って分割された部分の数と一緒になっていることが見て取れる。さらに切って分かれた部分は，（切り目の数）＋1であり，これは折って分割された部分の数＋1，なので，1回折って分割された枚数は2。2回折って分割された枚数は2×2で4。3回折って分割された枚数は2×2×2で8。というように，折った回数の分だけ2をかけ合わせると折って分割された枚数が分かり，それに＋1した数が切って分割された枚数になることから，2×2×2×2×2×2+1で65が求まる。

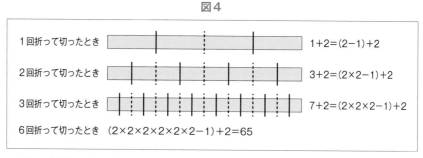

図4

1回折って切ったとき	1+2=(2−1)+2
2回折って切ったとき	3+2=(2×2−1)+2
3回折って切ったとき	7+2=(2×2×2−1)+2
6回折って切ったとき (2×2×2×2×2×2−1)+2=65	

　図4を見ると，折り目（点線）の含まれている部分と，それ以外の両端が図に存在し，折り目（点線）の含まれていない部分が常に両端に2つあることが分かる。折り目の含まれている部分は常に（折り目によって分割されている個数−1）になる。折り目によって分割される部分は常に2を折った回数分かけ合わせているので，6回折って切ったときに折り目の含まれている部分の数は，2×2×2×2×2×2−1になり，それ

に常に両端にある2つの部分を加えると，$(2×2×2×2×2×2-1)+2$になり，求める数は65となる。

　これらの図からは，折り目が増えていくごとに，切り目がどのように増え，それによって分かれた枚数がどのように増えていくのか，その対応が視覚的に分かるとともに，その増え方が同じように増えていくことを見て取ることができる。表で表された状況を図等で視覚化し，表中に表れるきまり等の数値が，視覚化された図中でどのように表現されていくのかを考えていくことが大切であり，そうすることで，解決したいある場面での数量や事柄が，他のどんな事柄と関係するかに着目する力が育つと考える。

5 おわりに

　本稿では，新設された「C変化と関係」領域について，中学校数学との連携の観点から「関数の考え」の育成について述べてきた。

　「関数の考え」の育成について，本稿で述べてきたことをまとめると，従来から言われ続けてきたことではあるが，「関数の考え」の第一歩である「解決したいある場面での数量や事柄が，他のどんな事柄と関係するかに着目すること」と，「表で表された状況を図等で視覚化し，表中に表れるきまり等の数値が，視覚化された図中でどのように表現されていくのかを考えていくこと」について，より一層重視することだと考える。そして，これを実現するためには，常に教師自身が「関数の考え」の目で物事を見つつ，教材研究に勤しむことが大切だと考える。

【引用・参考文献】
文部科学省（2018a），『小学校学習指導要領（平成29年告示）解説算数編』，日本文教出版.
文部科学省（2018b），『中学校学習指導要領（平成29年告示）解説数学編』，日本文教出版.
清水美憲・齊藤一弥編（2017），『小学校新学習指導要領ポイント総整理算数』，東洋館出版社.
中野博之（2022），「『変化と関係』の指導と『関数』の指導の接続の在り方」，新しい算数研究，
　　No613，12-15.

2

新設された領域をいかに捉えるか
―データの活用は授業をいかに変えるのか―

1 「データの活用」領域の新設で何が変わったのか

　現行の学習指導要領で「データの活用」領域が新設された。それに伴い，統計の授業は何が変わったのか。前半は学習指導要領における統計的な内容の位置付けについて，歴史的な変遷と現行の特徴を，後半は実践や教材を通して各学年の授業のあり方を考察する。

2 「データの活用」領域の位置付けと特徴

(1) 学習指導要領における統計的な内容の歴史的な変遷

　小学校の学習指導要領において，統計的な内容が領域として設けられたのは今回が初めてのことであるが，S22年の試案から学習内容は大きく変わっていない。一方，内容の位置付けや見方には変化が見られる。

S22年試案・S26年改訂版　算数科・数学科指導の目的では，「9. 色々なことがらを，グラフや表などに表わしたり，またグラフや表などに表わされたものを，理解する能力を養うこと。」「14. 社会現象に対する関心を深め，統計的事実を理解したり，使用したりする能力を養うこと。」として入れられており，その後S26年の改訂版では「(g) 数的な資料を，表やグラフにまとめたり，表やグラフで示されたことを理解したりする能力を伸ばすとともに，表やグラフを有効に用いる能力を伸ばす。」として算数と教育の一般目標に組み込まれた。

S33年改訂　第1，2学年は「数と計算」領域に，第3学年以降は「数量関係」領域に，資料の分類整理，表とグラフの読み方や書き方，用い方の能力を伸ばすことが位置づけられた。

S43年改訂　S33年が知識・技能中心であるのに対し，第2学年から「数量関係」領域（統計）として内容が分けられ，上学年では統計的な事象について「考察する」という文言が入ってきた。

S52年改訂　観点別評価が始まったS52年以降は，再び第2学年の内容が「数と計算」領域に戻り，第3学年以降の統計の内容は引き続き「数量関係」領域で扱っている。さらに「目的に応じて依存関係を調べたり」「統計的に考察したり表現したり」することが加わった。

H01年改訂　新学力観として自ら学ぶ意欲と社会の変化に主体的に対応できる能力の育成が重視され，「有用さが分かる」ことが加わった。統計的な内容が知識・技能重視から，現在の思考力や判断力，表現力の育成に移ってきたことが見て取れる。

H10年改訂　「ゆとり」が謳われ，内容の精選と授業時間数の削減に伴い第6学年（平均の意味を除く）と中学校の統計の内容がすべて削除。

H19年改訂　第6学年はH01年の内容に戻され，第1学年から「数量関係」領域で扱うこととなった。

H29年改訂　「データの活用」領域が新設された。代表値が入ったことを除くと小学校で扱う内容は大きくは変化していないが，第1学年の「データの個数に着目し，身の回りの事象の特徴を捉えること」をはじめとし，「統計的な問題解決の方法を知ること」「多面的に捉え考察すること」「学習や日常生活に生かすこと」「批判的に考察すること」など資質・能力の観点から書かれ，思考力・判断力・表現力を中心として授業を構築していくことが示唆されている。次項で新設された「データの活用」領域についてさらに詳しく見ていく。

(2)　「データの活用」領域の特徴

　H29の学習指導要領改訂に際し，H28年の中央教育審議会（答申）の算数・数学科の教育内容の見直しについて次の項目が挙げられている。

　「また，社会生活などの様々な場面において，必要なデータを収集して分析し，その傾向を踏まえて課題を解決したり意思決定をしたりすることが求められており，そのような能力を育成するため，高等学校情報

科等との関連も図りつつ，小・中・高等学校教育を通じて統計的な内容等の改善について検討していくことが必要である。（『幼稚園，小学校，中学校，高等学校及び特別支援学校の学習指導要領等の改善及び必要な方策等について（答申）』p.143）」

　このように現代の社会的な要請もあり，統計的な問題解決やそれを踏まえた意思決定の能力を育成するための，より充実した内容が求められている。それに伴い新設された「データの活用」領域の内容について，これまでと何が変わったのか，ここでは新領域の特徴を考察する。

① ねらい

　「データの活用」領域のねらいは，次の３つ。

・目的に応じてデータを集めて分類整理し，適切なグラフに表したり，代表値などを求めたりするとともに，統計的な問題解決の方法について知ること
・データのもつ特徴や傾向を把握し，問題に対して自分なりの結論を出したり，その結論の妥当性について批判的に考察したりすること
・統計的な問題解決のよさに気付き，データやその分析結果を生活や学習に活用しようとする態度を身に付けること

(H29学習指導要領算数編解説p.67)

　ここで言う「統計的な問題解決の方法」とは，主に「問題―計画―データ―分析―結論（PPDAC）」というような段階からなる統計的探究プロセスを指している。

H29学習指導要領算数編解説 p.68

問題	・問題の把握	・問題設定
計画	・データの想定	・収集計画
データ	・データの収集	・表への整理
分析	・グラフの作成	・特徴や傾向の把握
結論	・結論付け	・振り返り

　これを各学年の「思考力・判断力・表現力」の内容に照らし合わせて表にまとめると次の通りになる。

学年	思考力・判断力・表現力（下線は数学的な見方・考え方）
1年	データの個数に着目し，身の回りの事象の**特徴を捉えること**
2年	データを整理する観点に着目し，身の回りの事象について**表やグラフを用いて考察する**こと
3年	データを整理する観点に着目し，身の回りの事象について表やグラフを用いて考察して，**見いだしたことを表現する**こと
4年	目的に応じてデータを集めて分類整理し，データの特徴や傾向に着目し，問題を解決するために**適切なグラフを選択して判断し，その結論について考察する**こと
5年	・目的に応じてデータを集めて分類整理し，データの特徴や傾向に着目し，問題を解決するために適切なグラフを選択して判断し，その結論について**多面的に捉え考察する**こと ・概括的に捉えることに着目し，測定した結果を**平均する方法について考察し**，それを**学習や日常生活に生かす**こと
6年	・目的に応じてデータを集めて分類整理し，データの特徴や傾向に着目し，代表値などを用いて問題の結論について判断するとともに，その**妥当性について批判的に考察する**こと ・事象の特徴に着目し，順序よく整理する観点を決めて，**落ちや重なりなく調べる方法を考察する**こと

これを見ると，第1学年からデータを読んだり，表やグラフに表現して考察したりしながら，6年間で漸次統計的探究プロセスを利用した問題解決ができるような流れになっている。さらに，高学年においては結論だけではなくプロセスそのものも，多面的かつ批判的に判断や考察ができるようになることが期待されている。

② 中学校との接続

今回の改訂では，小学校だけではなく中学校でも「資料の活用」から「データの活用」に領域名が変更され，小中高一貫して統計的な内容の見直しが行われた。その結果，中学校1年生で扱われていた代表値が第6学年に移されるなど校種を超えた内容の移動も見られた。さらに学習指導要領の文言（次頁表／一部抜粋）を見てみると，「目的に応じてデータを収集」「批判的に考察し判断する」など，小学校・中学校で共通に大切にしたい力が，この領域の特徴として見えてくる。

中1	・**目的に応じてデータを収集して分析し**，そのデータの分布の傾向を読み取り，**批判的に考察し判断すること**
中2	・四分位範囲や箱ひげ図を用いてデータの分布の傾向を比較して読み取り，**批判的に考察し判断すること**
中3	・標本調査の方法や結果を**批判的に考察し表現すること**

③ 他教科での扱い

　統計的な内容は算数だけではなく，社会や理科をはじめとし，他教科でも扱われている。例えば，社会的事象を捉えたり，問題解決において自分の判断の根拠を明らかにしたりするためには，様々な統計データをはじめ情報を適切に収集し読み取りまとめる力が必要である。例えば，第4学年の理科「天気の様子」では，「1日の気温の変化の様子を調べた結果を，算数科の学習との関連を図りながら，グラフを用いて表したり，その変化の特徴を読み取ったりするなど，天気や自然界の水の様子について考えたり，説明したりする活動の充実を図るようにする。」（H29学習指導要領理科編解説p.58，下線は筆者による）と具体的に学習指導要領の解説で算数との連携を示唆する箇所も複数見られる。

　統計的探究プロセスに基づいた問題解決を子供主体で行うには，ほとんどの場合，算数だけでは時数が足りない。よって，算数に限らず，子供たちの身近な問題解決や，データを扱う他教科の問題解決で適宜扱うなど教科横断的な見方も大切にしたい。

3 「データの活用」の授業は何が変わったのか

　「統計的な問題解決の手法（統計的探究プロセス）」に重きを置き，「批判的思考」を中心として6年間で漸次その能力や「生活や学習に生かす」態度を育成していくことが新領域の特徴として見えてきた。では具体的に授業で何が変わったのか，学年ごとに具体例を交えながら考えていく。

(1) 低学年—データで事象を捉える—

　低学年は統計的探究サイクルそのものではなく，その中の「データ」とその「分析」に重きを置く。1年生は絵図グラフ，2年生は簡単なグ

ラフと表を扱うが，算数の時数だけで書く活動と読む活動を十分に行うことは難しい。よって，どうしても知識・技能に偏りがちなところである。しかし，低学年こそ身の回りの事象を数値化して比べる活動は，算数に限らず様々な生活の場面で行っているので，教科横断的に扱いたい。

　例えば，生活科で育てる植物の花や実の数を記録する活動は多くの学校で行われているだろう。記録の目的や方法は生活科で扱い，でき上がったもの（絵図グラフなど）を皆で眺めるところから算数で扱うことにより，対話を中心とした「読むこと」に時間を取ることが可能になる。生活科では植物の成長やその過程に目を向けるのに対し，算数では絵図グラフを見て，「6月より7月の方がたくさん花が咲いた」や「1班に比べて2班の方が収穫できた実が少なかった」など，数理的な視点で事象を捉えられるようにしたい。大きな数が未習だからできない，というのではなく，必要なタイミングで実感を伴いながら経験的に学ぶことこそ，学んだことのよさが分かるはずである。

⑵ 第3学年—データで事象を考察する—

　低学年では，事象を捉えるのに対し，3年生では「考察」に重きを置く。考察するということは，「調べてみたい」「仕組みを知りたい」などの目的が必要になる。よって，できるだけ子供たちの関心事から教材選びをすることが主体的な考察につながる。例えば，「給食に使われている野菜ランキング」調べ。きのこ嫌いの児童が給食できのこが出る回数が多すぎるという実感を漏らしたところがきっかけで扱ったのだ

図1　積み上げ棒グラフ

図2　スケールが違うグラフの比較

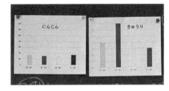

が，日々食べている給食だけに，実感を伴って考察することができた。特に，月ごとではなく季節で3ヶ月ごとに比べると，使われている野菜の種類と回数に特徴が出てくることへの気付きは，積み上げ棒グラフの表現へとつながっていった（図1）。また，一番頻度が高い人参と低いき

ゅうりを，スケールの異なるグラフで提示した（図2）際には，グラフと実感とのギャップに驚きを示したものの，次第に何かグラフの表し方に問題があるのではないかと，3年生でも批判的に考察する姿が見られた。この活動の後には，総合の時間を使って，考察を通して栄養教諭に伝えたり質問したりしたいことをまとめ，実際に食育の授業を行った。

　このように，子供の興味関心や実感を伴う題材を選ぶことで，データを見る観点が多様になること，グラフの表し方について批判的かつ発展的に考察すること，結果を生活場面に戻すことでデータを考察するよさを味わうことが期待できる。

(3)　第4学年─目的に応じたデータ収集と分析─

　第4学年からは「目的に応じてデータを集めて分類整理し」とあるように，統計的探究プロセスの流れをより意識した取り組みが求められる。そのためには，第3学年の目的同様，「解決したい問題は何か」が明確であることが大切である。ここでよく用いられる「怪我調べ」について再考したい。一般的な流れでは，「怪我を減らしたい」が大きな目的にとして考えられる。では怪我を減らすためには，どうすればよいのか。

　教科書では，時数の都合もあり，すぐに怪我が起きやすい場所や時間帯を調べる流れになっているが，これでは，問題→データであり，活動全体の計画がなされていない。「目的に応じて」データを集めるためには，目的に対してどんな情報が必要なのかを対話を通して明らかにする必要がある。「怪我を減らすこと」という解決すべき問題に対し，「どこで怪我が多いのか」「どんな怪我が多いのか」「いつ怪我が多いのか」「何年生に怪我が多いのか」「怪我の理由は何か」「時期はいつが多いのか」など怪我の多少に関わりそうな観点がいろいろ出される。その中から，必要な観点のデータをどの範囲で収集するかを決定し，実際のデータをグループで分担して整理する。図3〜7は，4年生が「保健室の利用者数を減らしたい」という目的で，怪我と病気に分けて実際の利用件数を「曜日」「利用した理由」「発生した場所」「発生した時間」「天気」「気温」「湿度」など，いくつかの観点で分類整理を行い，表やグラフで表した

もの（一部抜粋）である。気温や湿度については度数分布表が未習であるため，折れ線グラフによる表現になっているが，ここでは事象の傾向が分かればよいと考え，そのまま扱った。

図3 怪我の種類ごとに各曜日の件数

曜日	月	火	水	木	金	土	計
①擦過傷	54	106	81	78	64	1	384
②打撲	79	102	78	67	91	1	418
③捻挫	1	23	6	16	13	0	59
④筋肉痛	1	1	4	1	2	0	9
⑤とげ	5	4	1	6	0	0	16
⑥切傷	7	9	8	7	9	0	40
⑦ささくれ	0	3	2	2	1	0	8
⑧虫刺され	10	13	13	8	2	0	46
⑨火傷	5	4	0	9	1	0	19
⑩突き指	1	21	5	11	9	0	47
⑪その他	8	10	16	13	6	0	53
合計	171	296	214	218	198	2	1099
日数	26	34	31	33	34	4	162
1日あたり(平均)	6.58	8.71	6.90	6.61	5.82	0.50	35.12

図4 曜日別怪我と病気の件数

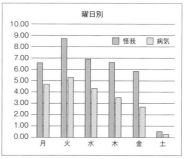

図5 怪我の件数と気温

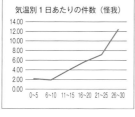

図6 怪我の件数と天気

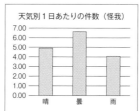

図7 怪我の件数と発生場所

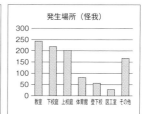

　生データを扱うことの難しさはあるものの，整えられていないからこそ，分類整理をする中で新たな観点が出てきたり，1ヶ月の曜日や天気の日数が違うから直接比較できないことに自然と気付いたりしていく。また，実感を伴う事象なので発生場所のグラフを見たときに，1日で過ごす時間がそれぞれ異なることに言及した考察も出てきた。問題を明らかにすること，計画↔データ↔分析を一方向ではなく対話を通して往還しながらプロセスを進めていくことが，より充実した考察を可能にし，第5学年以降の多面的，批判的な考察につながっていくと考える。

(4) 第5学年—グラフの選択と多面的な考察—

　第5学年では，割合を表すグラフとして主に円グラフと帯グラフを扱う。また，ここで初めて統計的探究プロセス（PPDAC）が登場する。算数だけでこれを扱おうとすると題材選びに苦労するが，他教科でデータ

を扱う場面が多いので教科横断的に扱うと効果的であると考える。

　例えば，社会科では日本の国土や産業についてその特徴を，統計データなどの資料を用いて調べたり自分の考えを表現したりすることがねらいになっている。グラフを作成することに終始するのではなく，資料集やインターネットで目にするグラフについて，帯グラフや円グラフに限らず，どの場面でどのグラフが用いられているのか，その特徴やよさは何か，他教科の問題解決の過程でグラフを選択することに焦点を当てて話し合ってみるのもよい。無理にPPDACの型を教えようとするのではなく，主張する立場によって根拠に選ぶグラフが異なったり，データの考察の仕方によっては主張（結論）そのものが変わったりする場合があることを，できるだけいろいろな場面で経験することが大切である。そうすることによって，グラフや表を問題解決の道具として目的に応じて選択できるようになる。

⑸　第6学年─代表値を用いて判断すること─

　第6学年の目玉は「代表値」と「批判的な考察」である。代表値（平均値，最頻値，中央値）を用いて同じデータの分析をそれぞれの立場で見比べることにより，結論の妥当性を批判的に考察する。教科書では，スポーツの記録や読書記録などが主な題材として挙げられており，既習の平均値だけでは分からないデータの「散らばり具合」という新たな分析の観点を得る。生活場面では平均値を見聞きしたり実際に使ったりすることが多い子供たちにとって，データの特徴から本当に平均値で判断してよいのかを批判的に考察する機会を作りたい。「最頻値とは」「中央値とは」と知識から入るのではなく，データをもとに，子供たちの考察結果を授業で交流させながら，新たな観点として出てくることを期待したい。代表値をはじめ，様々な観点で考察したものを比較検討することで，自ずと「妥当性」に話が及ぶはずである。

　一方で，導き出した結論が本当に「妥当」であったかどうか，という評価は不確実な事象においては難しい。グラフの特徴を知って選べるようになることと同様に，代表値についても特徴やよさを知って使えるよ

うにしたい。そのためには，理科の測定場面（例えば倉次，2021）で，理想値がある事象の測定データを考察したり，既に結果が分かっている事象について，過去のデータを分析し考察したことと実際の結果を照らし合わせてみたりするなど，1つの場面だけではなくいろいろな場面で代表値を見比べる機会を作ることが望ましい。

　上記の活動は分析↔結論に重きを置いているが，特に高学年においては，子供たちが本当に解決したい問題を，実際に統計的探究プロセスを利用しながら結論を導く経験，さらに導いた結論が妥当であるか評価して次の探究につなげる経験（例えば倉次，2022）も大切にしたい。

⑹　ICTの利用

　GIGAスクール構想に基づく1人1台端末環境下でICTの活用が当たり前になった今，データの分類・整理でも積極的に使っていきたいものである。低学年のうちは，数に対する感覚を豊かにするためにも，手を使って実際に数えてみたり，色を塗って多少を比較したりする活動は大切である。一方，中学年においてもグラフの仕組みを知ることは大切であるが，いろいろなスケールのグラフを比較検討する際には，Googleスプレッドシートや Excel などの表計算ソフトを利用することで，見え方の違いが一目で確認できる。高学年においても，複雑な計算やグラフの作成に時間を割くことなくデータを処理，表現することが可能になる。操作を身に付けるには一定の練習と時間が必要ではあるが，グラフの設定をはじめ，試行錯誤する過程は表やグラフの仕組みを考察する機会になる。問題解決の道具として自由に使えるようにしたい。

【引用・参考文献】
国立教育政策研究所 学習指導要領データベース.
https://www.nier.go.jp/yoshioka/cofs_new/
倉次麻衣（2022），中学校算数科との接続を意識した「データの活用」の在り方，新しい算数研究，2022年2月号，20-23.
倉次麻衣（2022），社会的実践を志向する問題解決の授業実践—「分散下校の改善案を提案しよう」を例に—，日本数学教育学会誌，104，2，24-35.

3

領域変更をいかに捉えるか
―計量が図形に入ったことの意味を問う―

1 はじめに

　計量が図形領域に入ったことを意識して授業を考えられているだろうか。現行の学習指導要領では，従前の「B量と測定」の内容を，測定のプロセスを充実する「C測定（下学年）」領域と，計量的考察を含む図形領域としての上学年の「B図形」に再編成している。

　学習指導要領解説では，「B図形」の領域のねらいの中で，「図形の面積や体積を求めたりすること」「図形の計量について考察すること」を示している。

　これまでは形式的に公式を覚えて計算して面積や体積を求めるだけであったり，図形を構成する要素に十分着目できていなかったり，着目する文脈が描き切れていなかったりとなりがちではなかっただろうか。計量をする際は，図形の性質や図形を構成する要素などに着目している。図形を構成する要素に着目して，図形の性質を考察する領域としての図形領域の位置付けを明確にしている。

2 図形の計量について考察すること

(1)　構成要素に着目し，単位を決めてその何倍かで表す

　同解説では，「見いだされた図形の性質をもとに，図形を構成する要素に着目しながら，求積へ活用することを考えることを指導する。」として，次のように示している。

・図形を構成する要素に着目して，その大きさを数値化すること
・図形を構成する要素に着目して，面積，体積の計算による求め方を考察すること

数値化し計算によって面積や体積を求めるには，測定領域での経験と結びつけ，単位を決めてその何倍かで表すことに注目したい。面積は，縦と横の長さが1cmの単位正方形がどれだけかということで表す。長方形の辺の長さが，縦3cm，横4cmであった場合，数えなくても，長方形の辺の長さに着目すれば，かけ算を用いて3×4＝12と計算（かけ算）で求めることができる。乗法を用いてなるべく簡単に求めようとしていることを子供に気付かせたい。

　さらに，単位となるユニットを変えることでその何倍かで面積を表すことができる。

(2) 計量的な考察を図形の性質をもとに説明する

　例えば，第5学年「平行四辺形の面積」では，平行四辺形の性質を用いて長方形に変形して考える。

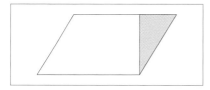 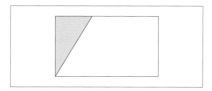

　これは，図形の計量の仕方を考察する中で，平行四辺形の性質をもとに，構成要素に着目して求積へ活用している。このときに大切なことは，面積を求めるために平行四辺形の性質をどのように用いたのか，どの構成要素に着目して考えたのかを説明することである。「切って移動した」で済まさずに，なぜそう考えたのか，どうしてそれが可能なのかきちんと言語化できるようにしたい。

(3) 計量的に考察することで図形を一歩先まで考えられる

　長方形に変形できたので，面積は「縦×横」で求めることができる。この変形のアイデアをさらに一歩前進させ，単位となるユニットを見いだし，その何倍かと見ることができないか，平行四辺形を見つめ直す。

　すると，底辺×1の同じ大きさの長方形が積み重なっているように見ることができる。

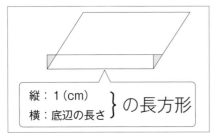

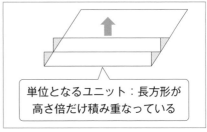

平行四辺形の面積は底辺×１の長方形の面積の高さ倍。つまり，平行四辺形の面積＝底辺×高さとなる。

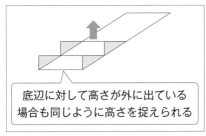

底辺に対して高さが外に出ている場合も同じように高さを捉えられる

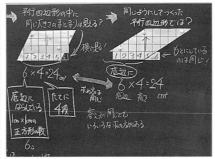

　高さは底辺に対して垂直に積み重なっているイメージにより，底辺と高さの位置関係を捉えやすくなる。高さが外に出ている場合も同じように高さを捉えることができる。

　このように，図形の特徴を計量的に捉えて考察することによって，切ってつなげて長方形をつくり，面積が求められたということだけで終わりとしないようになる。さらに一歩前進して，図形を計量するためには，単位となるユニットを見いだし，その何倍か，つまり乗法を活用できないかと図形を眺めることができるようになるとともに，構成要素間の位置関係について理解を深めることにつなげることができる。

⑷　基本図形である三角形をもとにした計量的考察

　齊藤（2023）は，台形の面積を考える際，対角線で分割した２つの三角形を用いて求めるアイデアにより，今まで学習した四角形の面積を同

じように考える授業を行った。測定を通して対称性や合同など，図形の構成要素や位置関係，図形間の関係に着目して考え進む子供の姿は，形式的に公式を覚えて計算練習となるだけの授業に対して，問いを投げかけるものである。

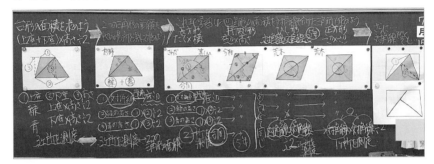

　すべての多角形は三角形に分割できる。逆に考えると，三角形の面積の求め方が分かれば，すべての多角形の面積は求積可能ということになる。三角形の面積は底辺と高さで決まる。三角形を見いだし，底辺と高さが分かれば，面積を求めることができる。求積したい図形を見たときに，基本図形である三角形さえ見いだせれば，面積が求められるというここでの経験は，この先の図形の計量で図形の構成要素や位置関係，図形間の関係に着目して考えていくことに生かされる。

３　授業の具体─第６学年「円の面積」─

(1)　円の計量の仕方について考察する

　本単元で，子供に生かしてほしいこれまでに獲得してきたアイデアは非常に多岐にわたる。その中で子供の既習の経験として着眼したい大きな柱は，教材として次のa）b）の２点，また，汎用的な思考として次のc）d）の２点が挙げられる。

　　a）単位を見いだせばその何倍か計算（かけ算）で求められる

　　b）三角形に分割したら面積が求められる

　　c）およそを考えると大きく間違えない

　　d）必要な部分だけを取り出してなるべく簡単に考えればいい

a）については，下学年での測定領域での経験から積み重ねてきている。単位を見いだして数で量を表せば比較できるし計算することができる。単位の何倍かという見方で表現し考えることは，前述の平行四辺形の面積で示したように，単位となるユニットを自在に設定できる力となり，本単元でも活用される。

　b）は，「正多角形と円」の単元で，正多角形の中心角が小さくなるほど円に近づいていくことに子供はすぐに気付く。齊藤実践（2023）のように意図的に三角形分割を取り入れることで，中心と多角形の各頂点を結んだ二等辺三角形を見る中で，子供が円の面積も求められるという思いをもつ布石となる。なんとか既習の求積が可能な図形に変形して考えられないか，円を観察する中で子供が円に三角形を見いだす文脈を描きたい。

　c）については，概数や計算の見積りでの経験を生かしたい。正確には分からなくても，およそがつかめれば大きく間違えない。そのためにとりあえずどれくらいかを把握しておきたい。円の面積は曲線部分が問題となるが，既習の図形をもとに大体の大きさについては求めることができる。なぜ面積の大きさの見通しをもつのか，概括的に捉えるよさを子供が意識して考え進めるようにしたい。

　d）についても，これまで様々な場面で必要な部分だけを取り出して，より簡単に考えるよさが子供たちから出てくるように育てたい。3年生で円の学習をしたときに，中心を見つけるために紙で作った円を2回折る活動がある。対称や合同を学習してきている6年生には，なるべく簡単に考えるために，必要な部分を取り出して考えようと円の対称性に着目し説明できるようにしたい。全円を考えなくても，4分の1の円だけを取り出して考えて4倍すればいい。計量的に図形を捉えようとするために，既習の図形等の学びを振り返り活用する場面が生まれる。

(2)　授業の実際と子供の表れ

　第1時では，まず円をじっくりと観察する。円は曲線部分があるためぴったりは測ることができないという問いをもち，面積の大きさの見通

しをもつ。

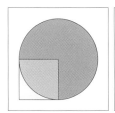 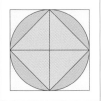 

　子供にとってのアプローチは，まず面積は $1\,\mathrm{cm}^2$ の正方形を単位としてそれがどれだけあるかであるため，直角に目を付けていくつ入るかを捉えようとする。$1\,\mathrm{cm}^2$ の正方形と半径が $1\,\mathrm{cm}$ の円の面積を比べると円の面積は大体どれくらいか考えると，

　　半径×半径の正方形2個分より大きくて，4個分より小さい

　　半径×半径 ×2　＜　円の面積　＜　半径×半径 ×4

　それならば，円の面積は 半径×半径 ×3くらいではないかと推測して，不等式ではさんで表す。$1\,\mathrm{cm}^2$ の正方形を敷き詰めておよその面積を求めた児童もこの範囲であったためおそらく大まかには合っているだろうと推測できた。大まかには面積が分かったから，大きく間違えることはないが，より正確に求めるにはどうしたらよいのか。次時への問いを残して第2時となった。

　第2時では，既習の経験をもとに，次の3つを意識した授業である。

　① 単位となるユニットの何倍で図形を捉える

　② 三角形を見いだせないか

　③ 対称・合同から必要な部分だけを取り出して考える

Ｔ：円全部を考えないといけませんか。

Ｃ：$\frac{1}{4}$ の円だけ考えればそれを4倍すればいいと思います。

Ｔ：なぜ $\frac{1}{4}$ だけでいいのですか。

Ｃ：対称だから。点対称だし線対称。

Ｔ：なぜ $\frac{1}{4}$ がいいと思ったのですか。$\frac{1}{2}$ とか，$\frac{1}{8}$ とかではなく？

C：直角があるから。面積は 1 cm^2 の何倍
　　だから。直角がある，$\frac{1}{4}$ がいいと思う。

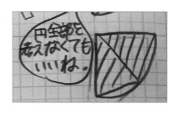

T：平行四辺形の面積を考えたときのように計算で求められませんか。

C：平行四辺形のときはもとになる図形の何倍かで計
　　算できた。もとになる図形があれば…。

C：曲線部分がどうしても誤差になってしまう。

C：折っていったら二等辺三角形がたくさんあるよう
　　に見えて，誤差も小さくなっていくと思います。

T：どういうことかな。詳しく説明できる？

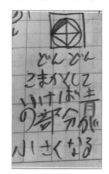

C：正無限角形みたくなってどんどん細かくしていく
　　と，この三角形と曲線の間の部分が小さくなって
　　いく。

C：この細い二等辺三角形の面積の細かくし
　　ただけ倍すれば面積が求められそう。

C：この細かくなった二等辺三角形1つ分の
　　面積はどうやって求めたらいいのかな。

T：三角形の面積の公式は覚えていますか。

C：底辺×高さ÷2です。

C：高さは半径だよね。底辺は…。

T：近くの人と相談したいかな。

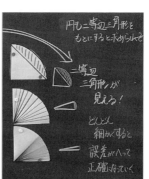

C：底辺はすごく細かくすると0？　そうすると面積なくなっちゃう。

C：底辺は1cmとして考えたら計算が楽だよね。とりあえず1cmで計
　　算してみる？

C：底辺を全部たすとこの円周の部分の長さになるよね。

C：1回細かく切って並べてみる？

　　時間の関係で，実際に細かい三角形の底辺をどうするかは次時になっ

た。計量的考察により，子供の問いがつながっていく様子が見られた。問いが焦点化され，友達と相談しながら構成要素や構成要素間の関係に着目して考え進んでいく様子は楽しそうであった。子供の振り返りで次のような表れが見られた。

4 おわりに

　円の面積の学習後に，例えば角柱や円柱の体積を考えるときに，子供は本単元の学びを生かしてどのように図形を捉えようとするだろうか。底面積×高さで柱体の体積の公式をただ覚えて計算するだけでなく，子供が図形の特徴を計量的に考察し，単位となる体積を見いだしたり，求積可能な図形に変形して考えたりする姿につなげたい。

　計量が「図形」に入ったことで，子供が図形の構成要素やその関係，性質に着目して考え進むことがより意図されるようになった。図形の特徴を計量的に捉えて考察することによって，これまでに成長させてきた見方・考え方を働かせ，子供が数学的活動を進めていける文脈を描くことができる。このように子供が自ら図形と関わっていこうとするためには，先を見通した計量的考察の積み重ねが大切であると考える。

【引用・参考文献】
文部科学省（2018），『小学校学習指導要領解説 算数編』，日本文教出版.
和田義信（1997），『和田義信著作・講演集4(2)考えることの教育』，東洋館出版社.
和田義信（1997），『和田義信著作・講演集6(4)数学的な見方・考え方と教材研究』，東洋館出版社.
伊藤説朗・伊従寿雄（1982），『授業に生きる教材研究　小学校算数科5年』，明治図書.
杉山吉茂（2008）『初等科数学科教育学序説』，東洋館出版社.
齊藤一弥（2021），『数学的な授業を創る』，東洋館出版社.
齊藤一弥（2023），実践記録　第5学年「台形の面積を求めよう」.

領域変更をいかに捉えるか
―「式と計算」が「数と計算」領域に位置づくことによって授業はいかに変わるのか―

1 領域変更とその意図について考える

『小学校学習指導要領（平成29年告示）解説 算数編』では，内容領域の構成意図とともに，「式の表現や読み」を「数量関係」領域から「数と計算」領域へと位置づけたことについて，次のように示している。

> 計算する際に用いられる加法及び減法，乗法及び除法などの式は，日常生活の場面を算数の舞台に載せる役割を果たしている。文章題は式に表すことができれば，あとは計算で答えを求めることができる。計算の学習は，算数の学習として閉じるのではなく，日常場面で生きて働くことが必要である。そのためには，日常の場面を式に表したり，式を読んだりする内容が欠かせない。
>
> そこで，従来は「数量関係」において，第1学年から第6学年まで位置付けられていた式の表現と読みに関する内容を，「数と計算」の考察に必要な式として捉え直し，「A数と計算」領域に位置付け直すことにした。これにより，事象を考察する際の式の役割が一層理解しやすくなり，日常生活の場面や算数の学習の場面で，式に表現したり読んだりして問題解決することができるようになる。このことによって数学的活動の充実が一層図られることとなる。

（『小学校学習指導要領（平成29年告示）解説 算数編 p.39，下線筆者）

実際，第4学年に着目すると，「式の表現や読み」に関わる内容が，「数量関係」領域から「数と計算」領域へと変更されている（表1）。

式には，場面を式に表すことで，手続きに従って計算をすれば答えが

出せるというよさがある。

加えて，場面を表す式や計算過程の式を丁寧に残すことで，式から，問題解決の思考過程をよんだり具体的場面と関係づけてよんだりすることができ，考えや事象に対する理解を深めることができるよさがある。

表1　第4学年における「式の表現や読み」の位置付け変更

	D　数量関係
旧学習指導要領	D(2)数量の関係を表す式 (2)　数量の関係を表す式について理解し，式を用いることができるようにする。 　ア　四則の混合した式や（ ）を用いた式について理解し，正しく計算すること。 　イ　公式についての考え方を理解し，公式を用いること。 　ウ　数量を□，△などを用いて表し，その関係を式に表したり，□，△などに数を当てはめて調べたりすること。
	A　数と計算
現行学習指導要領	A(6)数量の関係を表す式 (6)　数量の関係を表す式に関わる数学的活動を通して，次の事項を身に付けることができるよう指導する。 　ア　次のような知識及び技能を身に付けること。 　　(ア)　四則の混合した式や（ ）を用いた式について理解し，正しく計算すること。 　　(イ)　公式についての考え方を理解し，公式を用いること。 　　(ウ)　数量を□，△などを用いて表し，その関係を式に表したり，□，△などに数を当てはめて調べたりすること。 　イ　次のような思考力，判断力，表現力等を身に付けること。 　　(ア)　問題場面の数量の関係に着目し，数量の関係を簡潔に，また一般的に表現したり，式の意味を読み取ったりすること。

「式の表現や読み」は，これまでも重視されてきたことであるが，「数と計算」領域に位置づいたことにより，より一層，加減乗除の学習場面においても，式に表したり式をよんだりすることで，計算への理解や四則の関係への理解を深めていくことが意図されている。加えて，数量の関係に着目し，問題場面や思考過程を丁寧に式に表すことや，式を図等と関係づけてよむといった思考の方法を学ぶことも意図されている。

例えば，わり算（包含除）の導入場面において，分ける操作を既習のひき算やかけ算の式で表し，それらと関係づけてわり算の意味や計算の仕方を学ぶ。さらに，等分除の操作を包含除の操作として捉え直し，操作と式を関係づけることで，等分除と包含除を「わり算」として統合的に捉え，わり算に対する見方・考え方を豊かなものとしていく。

なお，現行の学習指導要領は，教科固有の見方・考え方をカリキュラムの構成原理に据えて改訂されたものであり，算数科の目標をなす資質・能力は，数学的な見方・考え方と数学的活動に相互に関連をもたせながら育んでいくことが重要とされている。「数学的活動とは，事象を数理的に捉えて，算数の問題を見いだし，問題を自立的，協働的に解決する過程を遂行することである。数学的活動においては，単に問題を解決することのみならず，問題解決の過程や結果を振り返って，得られた結果を捉え直したり，新たな問題を見いだしたりして，統合的・発展的

に考察を進めていくことが大切である」（上掲p.23）とあるように，式に表す，式をよむことは，数学的活動において重要な役割をなし，それらを丁寧に行っていくことは，数学的活動の充実につながると言える。

　次項では，式に表す，式をよむことを行いながら，数学的活動を通して探究を進めていく子供の姿について，実践事例を通して示す。

2 具体的事例—式に表す，式をよむことと数学的活動—

(1) 実践について
① 導入の問題

| 問題 | 1台のときには5人すわることができる台形づくえがあります。
図のようにつくえを横にならべたとき，7台では何人すわることができますか。 | 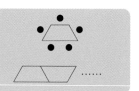 |

　本実践は，4年生の「式と計算」に関わる学習として位置づく。上記問題をスタートに，式に表す，式をよむ活動を行い，事象の理解を深めるとともに，解決の一般化を図り，さらに問題の条件を変えて探究していく学習活動を設定する。なお，上記問題は，「変化と関係」領域にも関わる内容であり，「変わり方調べ」が既習であれば，表を用いて解決をする子供の姿も予想される。その場合にも，既習をもとに考える姿として価値づけながら，表から式に表す，その式をよむことを丁寧に行い，数学的活動を充実させ，数学的に考える資質・能力を育んでいく。

② 題材・数値設定並びに予想される子供の解決について

　本校には，多目的室と呼ばれる教室があり，集会や様々な活動で利用している。そこには，写真のような正六角形を2分割した台形机が置かれており，正六角形の1辺に1人ずつ座るかたちで使用している。この台形机を題材に，上記の問題を設定していく。それにより，身近な事象を算数の目で捉え，主体的に問題発見・解決を進めていってほしいという思いがある。

　また，導入の数値"7"台の理由は次の通りである。7台であれば，

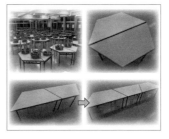

7台のときの様子を図にかいて人数を確かめることができ，子供が安心して問題に取り組むことができる。そして，図（や表）をもとに式に表すことで，多様な解決が期待でき，式に表す，式をよむ活動の充実を図ることができる。さらには，予想される子供の考えから，式に同じ数値が出ることがないため，式をよむ活動を行いやすいと考えた。式をよむ活動は，事象の理解とともに，解決方法の一般化を図り，数学的活動を推し進めていく際に重要と考える。

なお，子供の解決方法として下記の場合が予想される。

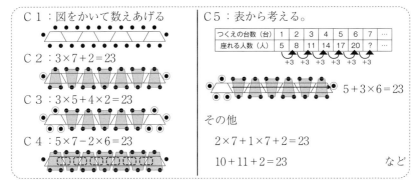

C1：図をかいて数えあげる

C2：$3 \times 7 + 2 = 23$

C3：$3 \times 5 + 4 \times 2 = 23$

C4：$5 \times 7 - 2 \times 6 = 23$

C5：表から考える。

つくえの台数（台）	1	2	3	4	5	6	7	…
座れる人数（人）	5	8	11	14	17	20	？	…

+3 +3 +3 +3 +3 +3

$5 + 3 \times 6 = 23$

その他

$2 \times 7 + 1 \times 7 + 2 = 23$

$10 + 11 + 2 = 23$

など

③ 導入問題から次の問題へ

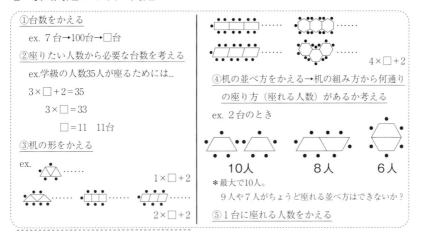

①台数をかえる

ex. 7台→100台→□台

②座りたい人数から必要な台数を考える

ex.学級の人数35人が座るためには…

$3 \times \square + 2 = 35$

$3 \times \square = 33$

$\square = 11$　11台

③机の形をかえる

ex.

$1 \times \square + 2$

$2 \times \square + 2$

$4 \times \square + 2$

④机の並べ方をかえる→机の組み方から何通りの座り方（座れる人数）があるか考える

ex. 2台のとき

10人　　8人　　6人

＊最大で10人。

9人や7人がちょうど座れる並べ方はできないか？

⑤1台に座れる人数をかえる

さらに，導入問題の条件の変え方として上記の場合が考えられる。このように問題を変えて，さらに探究することで，数学的活動を自分の手で進める態度を育むとともに，算数・数学は解いて終わりではなく，そこからまた始まる（始めることができる）という考えを育んでいく。

⑵　授業の様子と子供の姿

① 第1時：式に表す，式をよむ活動から一般化を図る活動の設定

　授業では，子供とのやりとりを通して考える問題を共有する。その後，自力解決の時間として，じっくりと考える時間を十分にとり，各自が問題と向き合っていけるようにする。必要に応じて，右のように，図と式を関係づけて説明する子供の姿を紹介し，価値づけ，そのような説明の仕方を共有していく。また，3×7＝21，21＋2＝23と分解式で表す姿が見られた場合には，場面を表す式として3×7＋2＝23のように，1つの式（総合式）で書いていこうと伝えていく。あわせて，21＋2＝23のような式の場合には，考えがより伝わるように詳しく式をかけないかな？と声をかけていく。

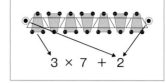

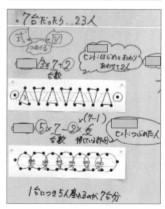

　考えを共有する場面では，まずは座ることができる人数が23人であることを確認した後，式のみを発表し，その式をよむ活動を通して，どのように考えたのかを皆で考えていく。しかしながら，式からどのように考えたのか，分からない子もいる。その場合には，"式をよむヒント"を出し合ったり，グループで説明し合う活動をしたりしながら，皆が式と図，時に現実場面と関係づけながら式をよむことができるようにする。また，表による解決に対しては，表から式に表し，さらに式の意味を表や図に戻して説明し合う活動を行う。このように，考えを共有する際には，式をよむことや，表から式に表し，図と関係づけることを丁寧に行っていく。

式をよむことは、式の意味を理解するだけでなく、式と図、具体的場面を行き来させながら、事象を捉えていこうとする数学的な見方・考え方や学びに向かう姿勢を育むことにつながると考える。加えて、台数が増えたときに、変わるもの、変わらないものを、図や具体的場面とともに捉えていくことにもなり、式をもとに解決の一般化を図る際の手がかりとなる。なお、考えを共有する際、例えば5×7−2×6であれば、式をよむことを通して、机同士が接する箇所の数を表す6を、机の台数7を用いて、(7−1)と表すことも丁寧に行う。

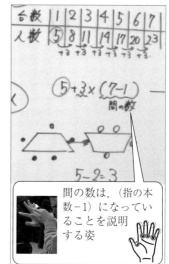

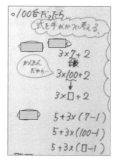

間の数は、(指の本数−1)になっていることを説明する姿

授業の最後には、(ありえないことだが…) もしも100台だったらと考え、式を手がかりに求め方を考えることに取り組む。その際、なぜその式をもとに考えたのかという、背後にある思いも共有していく。そして、7台、100台の式をもとに、□台のときの式へとつなげ、考えの一般化を図っていく。

② 第2時〜第4時：条件を変えて探究する活動の設定

次時では、前時の振り返り後、右の板書のように、問題の条件などを変えて問題づくりを行い、探究活動を設定する。

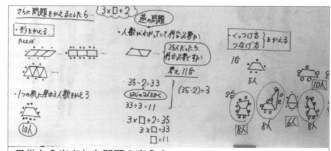

子供から出された問題の変え方
A：机の形をかえる。　　　B：1台に座れる人数をかえる。
C：人数から台数を考える。D：並べ方（つなげ方）をかえる

本実践では，問題の変え方としてＡ
とＤに絞り，個々にまたはグループで
探究する時間をとった。子供たちは，
必要に応じて，パターンブロック（正

三角形，正方形，ひし形，等脚台形，正六角形）を机に見立て，それらを並べ
て考えながら，その結果を“研究レポート”としてまとめていった。

　また，探究後は，発見したことを共有した。下記は，机の形を変えて
横に並べた場合の考えを共有した際の板書である。台形と正五角形の
“座れる人数を求める式が同じ”ことから，「なぜ同じ式なのか」を考え
た。式をよみ，「台形と正五角形では座れる人数が同じで，机同士がく
っついて減る人数も同じになるから」といった理由が共有された。

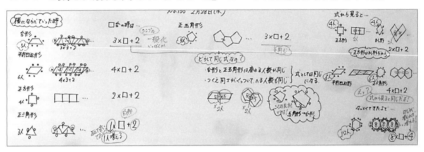

3 おわりに

　式に表す，式をよむ活動を丁寧に行うことは，その対象への理解を深
め，さらには，次への学習活動へとつながっていく。それは別の事例で
も言える。例えば，３年生「かけ算の筆算(2)」に
おいて12×23の計算の仕方を考え，説明し合う場
面でのことである。12×23を各位で分け，十の位
同士，一の位同士に分けて計算する方法と，かけ
る数を分けて計算する方法が発表された。前者と
$$12 \times 23 \begin{cases} 10 \times 20 = 200 \\ 2 \times 3 = 6 \end{cases} 206$$
$$\boxed{70 \text{ちがう！}}$$
$$12 \times 23 \begin{cases} 12 \times 20 = 240 \\ 12 \times 3 = 36 \end{cases} 276$$
後者では答えが70も違う。他の方法による説明も出され，前者の方法で
は正しい答えが出せないのは分かったが，なぜ違うのか，なぜ70も違う

のかという疑問が生じた。消えた70は「10×3＝30と2×20＝40を合わせた数」という説明を聞き，何となく分かった気にはなるが，まだ納得できないといった様子が見られた。そのため，12×23は「12＋12＋12…これを23回繰り返すと答えが出ます」という考えから，下記板書のように10 1 1を23個かき，「12×20と12×3に分ける」方法について，式をよみ，図と関係づけて確認した。その後，「10×20と2×3に分ける」方法についても，式をよみ，図ではどの部分にあたるのかを考えていくことで，消えた70（10×3＝30と2×20＝40）についても理解していった。さらには，式と図を関係づけから，2桁×2桁の筆算へとつなげていった。

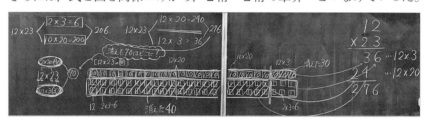

　このように，日々の授業において，互いの考えを共有する中では，一見すると誤った説明が出されることもある。それを単なる誤りとしてしまうのではなく，どのような思いで考えたのかなどを共有したい。さらに，その考えを丁寧に式に表したり，図と関係づけて式をよ

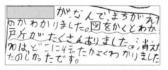

んだりすることを大切にしたい。そうすることで，理解が深まるとともに，数学的に考える資質・能力が育まれていくと考える。

【引用・参考文献】
笠井健一・齊藤一弥・清水美憲（2017），「特別鼎談 新しい算数科が目指すもの」，清水美憲・齊藤一弥（編），『小学校新学習指導要領ポイント整理 算数』，東洋館出版社，1-15.
清野辰彦（2019），「式の表現と意味」，算数科教育学研究会（編），『新版 算数科教育研究』東洋館出版社，73-79.
文部科学省（2008），『小学校学習指導要領（平成20年告示）解説 算数編』，東洋館出版社.
文部科学省（2018），『小学校学習指導要領（平成29年告示）解説 算数編』，日本文教出版.

算数教育の今日的課題と
未来はどうするのか

1

「個別最適な学び」と「協働的な学び」は「深い学び」に貢献しているのか

1 「深い学び」は教科等があってこそ

(1) 個別最適な学びと協働的な学びは何のため？

　中央教育審議会（2021）の答申では「『個別最適な学び』と『協働的な学び』を一体的に充実し，『主体的・対話的で深い学び』の実現に向けた授業改善につなげていくことが必要である。」と述べられている。よって，「個別最適な学び」と「協働的な学び」は「主体的・対話的で深い学び」の実現に向けた授業改善をするための手段ということになる。

(2) 深い学びを実現するために不可欠な各教科等の特質

　主体的・対話的で深い学びの実施に向けた授業改善の具体的な内容として，以下の3つの視点が示されている。（文部科学省，2017A）

① 学ぶことに興味や関心をもち，自己のキャリア形成の方向性と関連付けながら，見通しをもって粘り強く取り組み，自己の学習活動を振り返って次につなげる「主体的な学び」が実現できているかという視点。

② 子供同士の協働，教職員や地域の人との対話，先哲の考え方を手掛かりに考えること等を通じ，自己の考えを広げ深める「対話的な学び」が実現できているかという視点。

③ 習得・活用・探究という学びの過程の中で，各教科等の特質に応じた「見方・考え方」を働かせながら，知識を相互に関連付けてより深く理解したり，情報を精査して考えを形成したり，問題を見いだして解決策を考えたり，思いや考えをもとに創造したりすることに向かう「深い学び」が実現できているかという視点。

　③が「深い学び」について述べられている内容だが，③にだけ「各教

科等の特質」という言葉がある。これは，「主体的な学び」と「対話的な学び」が各教科等の枠を横断するものであるのに対して，「深い学び」は各教科等の特質に強く結びついているということを示している。そして，「深い学び」を実現するためには，各教科等の特質に応じた見方・考え方を子供が働かせる必要があることも示されている。

(3) 教科等の必要性

現行の学習指導要領は，教科や領域を超えて機能する汎用性の高い資質・能力（コンピテンシー）をベイスに作成されたわけだが，汎用性の高い資質・能力を育てようという話になると，教科等は不要ではないかという意見が出る。むしろ逆である。なぜなら，資質・能力は，内容（コンテンツ）に紐づいているものだからである。

例えば，算数科で「○○を1とする」という数学的な見方を働かせて，整数・小数・分数のたし算を統合的に考察することを通して，「既習事項や過去の経験との共通点を探すことによって，抽象化する資質・能力を養う」ことを目指す場合，整数・小数・分数のたし算という内容が必要になる。教科等は，内容が体系的に構築されているからこそ，資質・能力を育成しやすいのである。

2 数学的な見方・考え方を働かせ，数学的活動を自ら行う姿を目指す

「深い学び」を実現するためには，子供が各教科等の特質に応じた見方・考え方を働かせる必要がある。よって，「個別最適な学び」と「協働的な学び」を行う際も，子供自身に，各教科等の特質に応じた見方・考え方を意識させることが，「深い学び」をするためには不可欠である。

(1) 算数科で目指すべき子供の姿

齊藤（2017）は，昭和26年に出された学習指導要領・試案の算数科の目標の中に「目的に応じて課題を粘り強く解決しようとする」「物事を能率的・効率的に処理する」「事象を的確に分析して正しい判断をしていく」「生活改善のために算数を活用しようとする」といった，算数科

を通して育成を目指す資質・能力が示されていたことを述べている。今読み返しても，昭和26年に出された算数科の目標は，算数科で養うべき資質・能力として，十分な内容である。

　また，齊藤（2017）は，「算数・数学という教科がどのような子供を育てようとしているのか，子供にどのような知恵を身に付けて，いかに生きていくことを期待しているのでしょうか。」と我々に問うている。この問いこそ，我々が算数科を指導する際に考えておくべき問いである。

　昭和26年に出された，算数科を通して育成を目指す資質・能力を養い，その資質・能力を働かせている子供の姿とは，どんな姿であろうか。それは，数学的活動を自ら行う子供の姿であると考える。

(2)　数学的活動を自ら行う子供の姿

　文部科学省（2017B）は，数学的活動を以下のように示している。

　　数学的活動とは，事象を数理的に捉えて，算数の問題を見いだし，問題を自立的，協働的に解決する過程を遂行することである。数学的活動においては，単に問題を解決することのみならず，問題解決の過程や結果を振り返って，得られた結果を捉え直したり，新たな問題を見いだしたりして，統合的・発展的に考察を進めていくことが大切である。この活動の様々な局面で，数学的な見方・考え方が働き，その過程を通して数学的に考える資質・能力の育成を図ることができる。

　　数学的活動は，数学を学ぶための方法であるとともに，数学的活動をすること自体を学ぶという意味で内容でもある。また，その後の学習や日常生活などにおいて，数学的活動を生かすことができるようにすることを目指しているという意味で，数学的活動は数学を学ぶ目標でもある。

　上記の内容を要約すると，数学的活動を行うためには，数学的な見方・考え方を働かせる必要があり，その結果，算数科で養うべき資質・

能力が養われるということである。そして，数学的活動は，算数科を学ぶための方法であり，内容であり，目標であるということである。

数学的活動が算数科を学ぶための目標であるということからも，算数科で目指すべき子供の姿が，数学的活動を自ら行う子供の姿であることは間違いないだろう。また，数学的活動は算数科を学ぶための方法であり，内容であるということは，数学的活動は算数科の特質に応じた「学び方」でもある。

3 「深い学び」に貢献する

「個別最適な学び」と「協働的な学び」を行う子供の姿

ここまでのことをまとめていくと，以下のようになる。

> ・算数科で目指すべき子供の姿は，数学的活動を自ら行う姿
> ・数学的活動を行うためには，数学的な見方・考え方を子供に意識させる必要がある

一人ひとりの子供が，自分の理解度や興味・関心にあわせて数学的活動を行うためには，自ら学習形態を選択することも必要である。ただし，個別学習や自由進度学習を行っているだけでは，目の前の学習で働かせるべき数学的な見方・考え方を自覚することは難しい。そのため，一斉授業も取り入れながら，数学的な見方・考え方を意識させたり，数学的活動の回し方を学ばせたりした上で，子供に学習を委ねるのである。

３年生の２桁×２桁の実践を踏まえ，上記のことについて説明する。単元計画は以下の通りである。一斉学習と個別学習を織り交ぜながら，単元を進めていった。

> 第１時　１桁×何十（5×30）の計算の仕方（一斉授業）
> 第２時　２桁×何十（12×30）の計算の仕方（一斉授業）
> 第３時　２桁×２桁（23×12）の計算の仕方（個別学習）
> 第４時　２桁×２桁の筆算の仕方（個別学習）
> 第５時　第３・４時の共有（一斉授業）

第6時　3桁×3桁の計算・筆算の仕方（個別学習）
第7時　計算の工夫（一斉授業）
第8時　単元の振り返り（個別学習）

(1)　単元導入で一斉授業を行い，数学的な見方を共有する

　第1時と第2時では，本単元で働かせるべき数学的な見方を言語化し，共有した。**写真1**は第1時の板書の一部である。

写真1　数学的な見方を言語化し共有した第1時の板書

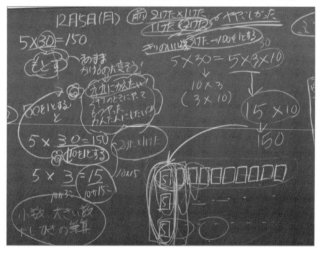

　「九九にかえたい」「〇〇を1とする」といった数学的な見方が言語化され，板書されている。これらの数学的な見方を働かせて，子供は以下のような計算の仕方を考えた。

5×30＝150	5×30＝150
↓10を1とする	↓30を3×10とみて
5×3＝15	5×3×10＝150

　本時で学習したことは，1桁×きりのいい2桁の計算の仕方であることを共有し，次時では桁を増やして，2桁×きりのいい2桁でも，本時で働かせた数学的な見方が使えるかを考えることを共有した。

第2時では，12×30の計算の仕方を考えることを通して，2桁×きりのいい2桁の計算においても，「九九にかえたい」や「○○を1とする」といった数学的な見方が働かせられることを確認した。さらに，第2時では，12を10と2に分けて，10×30＋2×30とする分配法則が出され，「ぶんかい・がったいほうしき」と命名された（**写真2**参照）。

写真2　前時で働かせた数学的な見方を意識して学習した第2時の板書

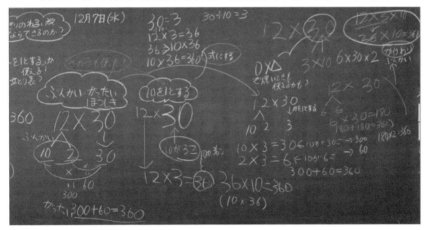

　ここまで共有すると，自然と「きりの悪い2桁×きりの悪い2桁でも，同じようにできるのか？」という疑問が子供から出され，次時の課題が決まった。

　第1・2時の一斉授業が終わった時点で，子供と共有している数学的な見方と解法，課題意識は，以下の通りである。

【第1・2時の一斉授業で共有された数学的な見方と解法】
○「九九にかえたい」「○○を1とする」
⇒5×30⇒5×3と考える
⇒ぶんかい・がったいほうしき（10×30＋2×30）
⇒かけわりぶんかいほうしき（12×3×10）
【第1・2時の一斉授業終了時点での子供の課題意識】
（きりの悪い2桁）×（きりの悪い2桁）でもこれまで見つけた数学的な見方は働かせられるのか？

1　「個別最適な学び」と「協働的な学び」は「深い学び」に貢献しているのか　123

第4章　算数教育の今日的課題と未来はどうするのか

このように、一斉授業を行いながら、単元を通して働かせる数学的な見方を共有するとともに、第3時の課題を明確にしたのである。

(2)　個別学習の1問目は共通の問題を扱い、数学的な見方を顕在化する

　詳細は割愛するが、「個別最適な学び」は、「指導の個別化」と「学習の個性化」によって成り立つ。平易な言葉で表現すれば、「指導の個別化」は「身に付けるべき内容を、一人ひとりの子供の学習進度に応じて学ぶ学び」であり、「学習の個性化」は「学習のつながりを意識して、一人ひとりの子供が興味・関心にあわせて学ぶ学び」と言える。

　第3時の個別学習において、1問目は全員共通の問題を扱い、「指導の個別化」を意識した学習を行った。1問目を共通の問題としたのは、全員の子供が身に付けるべき内容であるとともに、様々な解法や考え方をもとに統合的・発展的な考察がしやすくなるからである。また、自分で考えることができなかった子供は、まわりの子供に聞くこともできる。

　本時で扱った1問目の問題は、「23×12の計算の仕方を考える」というものであった。**写真3**は、本時に子供が書いたノートである。

　注目すべきは、右側の「着目ポイント」という部分である。第1・2時で働かせた「九九にかえたい」「○○を1とする」という数学的な見方を意識するとともに、きりの悪い2桁同士のかけ算においては、被乗数か乗数のどちらかを分解して計算した方が簡潔に計算できることまで書かれている。これまで働かせてきた数学的な見方に基づいた解法の限界について考えているのである。これは、多くの子供がノートに書いていた。数学的な考え方を働かせて、統合的な考察をしている姿である。

(3)　数学的な見方を働かせて、発展的に考察する

　学習の後半は、「前時までの学習と1問目の解決で働かせた数学的な見方を働かせると、どんな問題を解くことができるのか？」と発展的に考察し、問題を発展していった。

　多くの子供は、数を変えたり、桁を増やしたりしても、「九九にかえたい」「○○を1とする」という数学的な見方をもとにした解法が、23×12のときと同じように使えることを確認していた。

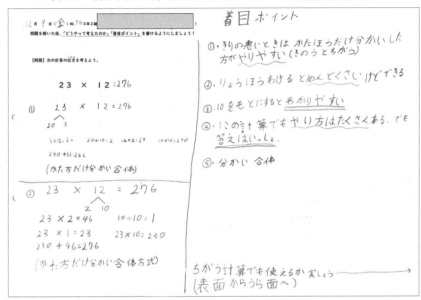

そんな中，上記のノートを書いた子供は，**写真4**のような問題に取り組んでいた。

写真4　個別学習の後半で，小数×小数の計算の仕方について考えた子供のノート

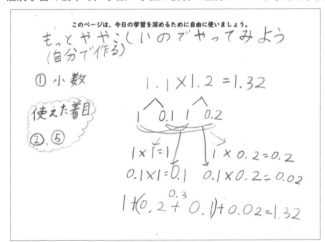

第4章　算数教育の今日的課題と未来はどうするのか

この子供は，きりの悪い２桁同士のかけ算で働かせた数学的な見方に基づいた解法を使って，小数×小数でも同じように計算ができるのかを考えていた。３年生の子供にとって小数×小数はできないため，タブレットPCの電卓を使って部分積を出したり，答えを出したりしていた。その結果，小数×小数でも，「ぶんかい・がったいほうしき（分配法則）」が使えることを発見していた。

⑷　数学的活動の視点から実践を見直す

　第１・２時において，5×30と12×30の計算の仕方を考えることを通して，数学的な見方を顕在化し，統合的に考察した上で，「きりの悪い２桁×きりの悪い２桁でも，同じようにできるのか？」と発展的に考察した。そして，個別学習において23×12の計算の仕方を考えるという学習に取り組んだ。一斉授業において，本単元で働かせる数学的な見方を共有し，数学的な考え方を働かせて学習内容を体系化したのである。

　その流れに乗って，第３時に個別学習を行ったので，子供は本単元で働かせるべき「九九にかえたい」や「○○を１とする」といった数学的な見方に基づいて問題解決をしたり，統合的・発展的に考察して問題を発展させたりすることが可能となり，数学的活動を自ら行うことができたのである。

4 「深い学び」に貢献する「個別最適な学び」と「協働的な学び」のあり方

　奈須（2023）は，今後追究すべきこととして，対面と非同期型コミュニケーションとの組み合わせを基盤とした実践展開の可能性について述べている。教室という同じ空間に子供がいてICTや教具を使いながら，子供が必要に応じて他の子供と関わるという学習である。

　本実践においても，23×12の計算の仕方を自分なりに考えた後，他の子供の計算の仕方を知りたい子供は自分の席のまわりの子供に話しかけたり，ICTを使って数学的な見方を共有したりしており，対面でありながら，非同期型コミュニケーションを行っていた。「個別最適な学び」

と「協働的な学び」を行うようになれば，こういった傾向はより強くなると考えられる。そのためにも，各教科等の特質に応じた見方・考え方を働かせる「学び方」（算数科であれば，数学的活動）を身に付けておく必要がある。

　先ほど，２桁×２桁の計算を発展させ，小数×小数の問題について考えていた子供を紹介したが，すべての子供にここまでの発展的考察を望む必要はない。数を変えたり，桁を増やしたりするだけでも，素晴らしい発展的な考察である。実際，多くの子供は数を変えたり，桁を増やしたりして，筆算のアルゴリズムを自ら創っていた。数学的な見方を言語化し，数学的な考え方を働かせて統合的・発展的に考察することができるようになると，子供自身で数学的活動を行うことができるようになるとともに，新しい知識を創造することができるようになる。まさに，「深い学び」を行うことができるのである。

　そのためには，一斉授業を通して，数学的な見方を言語化させたり，数学的な考え方を働かせたりして，統合的・発展的に考察する数学的活動の回し方（算数科の特質に応じた学び方）を指導し，その上で，個別学習や自由進度学習を取り入れながら，少しずつ子供に学びを委ねていくことが重要である。

【引用・参考文献】
中央教育審議会（2021），『「令和の日本型学校教育」の構築を目指して～全ての子供たちの可能性を引き出す，個別最適な学びと，協働的な学びの実現～（答申）』，19.
文部科学省（2017A），『小学校学習指導要領（平成29年告示）解説総則編』，77.
文部科学省（2017B），『小学校学習指導要領（平成29年告示）解説算数編』，72.
奈須正裕（2023），内外教育2023年３月24日付「子供のための授業づくり　第24回　時空を超えた学びへの挑戦」，時事通信社，7.
齊藤一弥（2017），「なぜ数学を学ぶのか　何を数学で学ぶのか」，教育雑記帳 高知の算数・数学の未来を創る，第２号.

2

DXは算数教育の深い学びにいかに貢献するか

1 教育DXとはどのようなものか

(1) 社会のデジタル化とDX

インターネットの普及，ビッグデータの活用，AIの発達に伴って社会のデジタル化は急速に進展している。コロナ禍において，それがさらに加速したことで，テレワークやオンラインによる教育が可能となり，学び方や買い物の仕方，働き方といった生活のスタイルに大きな変化が生じた。

昨今では，「デジタルトランスフォーメーション」という言葉で社会モデル，ビジネスモデル，教育モデルなどを刷新していくことが表現されている。

① デジタル化とDX

世界ではじめて「デジタルトランスフォーメーション（The digital transformation）」（以下，DX）という言葉を提唱したのは，当時ウメオ大学（スウェーデン）の教授であったエリック・ストルターマン氏である。氏が2004年に発表した論文「Information Technology and the Good Life」において，DXを「人々の生活のあらゆる側面の中で，デジタル技術が引き起こし，影響を与える変化」（p.689）のことと記述し定義した。DXというアイデアは従来の情報システム（Information System）の延長ではなく，デジタル技術を道具として我々の生活を向上させ，継続的に変容させることとして提唱されている。

このDXについて我が国では経済産業省が定義し，企業のビジネスモデルを刷新するキーワードとして位置づけている。経済産業省によるDXの定義とは「企業がビジネス環境の激しい変化に対応し，データと

デジタル技術を活用して，顧客や社会のニーズをもとに，製品やサービス，ビジネスモデルを変革するとともに，業務そのものや，組織，プロセス，企業文化・風土を変革し，競争上の優位性を確立すること」（経済産業省（2018），p.3）である。つまり，既存の製品やサービスなどを部分的にあるいは一時的にデジタル化して代替・補完するということにとどまらず，トランスフォーメーションというように，デジタル技術を可能な範囲で活用して製品やサービスだけでなく，既存の組織や業務に関わるプロセスをも変化させることが，DXの趣旨であると読み取れる。

② DXへ至る段階

上記したようにデジタル技術による変革を目指すDXは，短い期間で達成できるものとは考えられていない。経済産業省（2020）では，組織の状況に応じてDXに向けた具体的な取組を進められるように，DXを異なる3つの段階で進めていくことが提唱されている。

異なる3つの段階とは，**図1**に示されているようにデジタイゼーション（Digitization），デジタライゼーション（Digitalization），デジタルトランスフォーメーション（Digital Transformation）である（経済産業省（2020），p.34）。

図1　DXの構造（経済産業省（2020），p.34より引用）

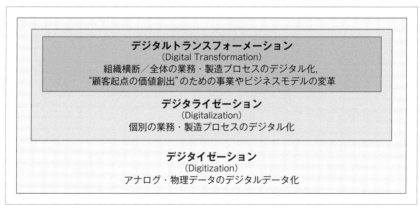

第1段階であるデジタイゼーションはアナログ・物理データをデジタルデータ化することであり，例えば紙の文書を電子化することが典型的

な例として挙げられている。次に，第2段階であるデジタライゼーションは個別業務やプロセスをデジタル化することであり，さらに第3段階であるデジタルトランスフォーメーションは全体の業務や製造プロセスをデジタル化し，顧客起点の価値創造のために事業やビジネスモデルを変革することである。DXの段階について経済産業省（2020）は次のような例で説明を加えている。経済産業省（2020）によると，職人の作業工程や工夫に関するノウハウをデジタル化することがデジタイゼーションとされ，製造プロセスをソフトウェア化することがデジタライゼーション，製造を遠隔化することがデジタルトランスフォーメーションとされている。デジタライゼーションを経て，デジタルトランスフォーメーションの段階に達した場合に，製造プロセス自体が変革されて職人の手から離れ，異なる形態で進められるようになる。このようにDXの定義に加えてDXへ至る段階を踏まえると，そのアイデアの中心は「変化」「変革」にあり，それをもたらすための手段としてデジタル技術が位置づけられていることが分かる。

(2) 教育DXとは何か

　上記のように整理されたDXのアイデアやその構造は，主として企業を対象とするものであったが，近年では次第に行政，学校などの様々な対象へ拡張され，使用されるようになっている。DXのアイデアを踏まえて，大まかに教育DXを考えてみると，単にアナログをデジタルによって代替するという「デジタル化」ではなく，それはデジタル技術を手段として教育に関わる活動（学校業務，学習指導など）を変革すること，と捉えることができる。その中には大きく二つの内容が考えられる。一つは，デジタル化による学習指導の変化であり，もう一つはデジタル化による学校業務の変化である。本節では，残りの紙面で，前者のデジタル化による学習指導の変化に焦点化する。

　2019年度から始まった政府のGIGAスクール構想により，2023年3月末の時点で全国の99.9%の自治体において，児童・生徒1人に対して1台端末が整備された（文部科学省，2023）。児童・生徒1人に1台端末が

整備されたことによって，様々な活動が変容されている。例えば，何か調べたい事柄について情報を収集したい場合，以前であれば図書館に所蔵されている書籍に限られていたのに対して，現在であればインターネットを用いて多くの情報を収集したり，場合によってはオンライン通信で学校外の専門家（大学の教員や企業の担当者など）と対話しながら情報を得たりすることが可能である。他にも，動きのあるものをじっくり観察したい場合，タブレット端末で写真や動画を撮影し，自分の関心に合わせて静止画を拡大したり，動画を止めたりしながら繰り返し観察することが可能である。また，クラウドベースのアプリを用いることで，撮影した写真などのファイルへ容易に自分の考えを書き込むことも，他者とファイルを共有しながら同時に編集することも可能である。

　これまで紙と鉛筆というアナログな道具を用いて進められてきた子供の学習活動が，デジタル技術によって代替されることで大きく変容し始めている。これまでのアナログな学習活動を単にデジタル技術によって代替するという発想を超えて，デジタル技術を用いた学習活動だからこそ可能になることに目を向けながら，その価値を創出していくことが教育DXを実現する第一歩につながるのではないだろうか。

2 デジタル化された社会と子供への影響

(1) デジタル化の進展と子供のインターネットの利用状況

　これまでDXとはどのようなものか，という点に主眼を置いて，整理を進めてきた。その中で，DXのX（トランスフォーメーション）が大きな目的であり，D（デジタル）がその手段であることを明確にしてきた。また，その実現には，アナログな技術をデジタル技術によって代替することにより，何かに取り組む既存のプロセスを変容し，そのプロセスに価値を創出することの必要性を指摘した。

　しかし，実際にデジタル技術を利用する子供の実態や，子供を取り巻く環境については触れられていない。本項では，デジタル化の進展としてスマートフォンの普及率やインターネットの利用状況などを整理する

とともに，インターネット等のデジタル技術による子供への影響を踏まえて，教育DXを実装する上での課題を明示する。

　令和5年5月29日に総務省が公表した「令和4年通信利用動向調査」の結果によると，スマートフォンを保有する世帯の割合が年々増加し9割を超えた。年齢層別のインターネット利用者の割合は，6-12歳で86.2%，13-19歳で98.1%であった。年齢層別のSNSの利用者の割合は，6-12歳で41.8%，13-19歳で92.0%であった。この結果から，子供の多くがニュースや地図，電車の乗り換え検索などの情報収集をしたり，動画や音楽の視聴，オンラインゲームなどの娯楽をしたり，買い物やSNSでのコミュニケーションのためにインターネットを利用することが一般的なものとなっている。

⑵　インターネットなどのデジタル技術による子供への影響

　子供にとって身近な存在となったインターネットやスマートフォンなどのデジタル技術は，教育DXで想定されているような良い側面のみを保有する存在なのだろうか。OECD（2021）は，デジタル技術による子供への影響について次のように述べている。

　実のところ，最新のOECD生徒の学習到達度調査（PISA）の調査結果によると，15歳児の教室におけるテクノロジーの利用率と，デジタル読解力・デジタル数学的リテラシー・デジタル科学的リテラシーの間に，永続的な負の関係があることが明らかになった。学校のウェブサイトに課題を投稿し，学校でシミュレーションを行い，学習アプリやウェブサイトを使用し，学校のコンピュータで宿題をすることに，より多くの時間を費やす生徒は，PISAのスコアが相対的に低い傾向にあった（OECD, 2021, p.5）。

　同様に，OECDによるPISA2018調査では，学校外での平日のインターネットの利用時間と，読解力，数学的リテラシー，科学的リテラシーの平均得点との関係が調べられている。1日に「4時間以上6時間未満」「6時間以上」とインターネットを長時間にわたり使用する生徒の平均得点が，インターネットを比較的使用しない生徒の平均得点と比べて低

い傾向にあることが明らかになった（国立教育政策研究所，2019）。

　テクノロジーの利用率（あるいは時間）と子供の認知能力の関連性に関するこれらの結果から，インターネットなどのデジタル技術が子供に対して一概に良い影響のみを与えているようには捉えられない。前項では，デジタル技術によってもたらされる新たな学習活動にはアナログの技術にはなかった機能があり，その機能に付加価値がある，と述べた。しかし，そのデジタル技術には学習活動以外の活動，例えば娯楽やSNSでも利用可能なものがある。子供が手にするタブレット端末は学習活動において情報収集の道具に，写真を撮るカメラに，メモを取るペンとノートになるが，優れた道具だからこそ別の用途としても活用することができる。それゆえ，インターネットやタブレット端末を学習活動に取り入れることによる副作用にも目を向けながら，教育DXの本来の意味に合うように，活用の際には留意して教育活動に位置づけていく必要がある。

3　教育DXは算数科の深い学びに何をもたらすか

(1)　教育DXの実際

　ここまで教育DXの意味を確認するとともに，DXで手段となるデジタル技術による子供への影響を確認してきた。学校教育において，教育DXを実現するためには，それら両側面を理解した上で活用の方法を具体化していく必要がある。このような内容を踏まえて，ここでは，教育DXと平成29年告示の学習指導要領で明示された育成すべき資質・能力の三つの柱との関係を考察しながら，教育DXの実際を整理するとともに，算数科の深い学びにどのように貢献するかを考えていく。

　経済産業省は教育DXの一つの形態として「未来の教室」実証事業を展開している。「未来の教室」実証事業とは，平成29年告示の学習指導要領のもとで，EdTech（エドテック）を活用した新しい学び方の実現を目指す事業である。EdTechとは，「Education（教育）」と「Technology（情報技術）」を組み合わせた造語である（井上・藤村，2020）。井上ら（2020）によると，2010年代前半から流通し始め，2010年代後半に政策文書に頻

出するようになり，ようやく教育業界でも認知されてきた (p.135)。「未来の教室」実証事業の中では，COMPASS社が開発した「Qubena」や，すららネット社の「すらら／すららドリル」というAI型教材が紹介されている。これは，AIが子供一人ひとりの習熟度，理解度に応じた問題を出題するだけにとどまらず，子供の解いている問題，解くのに要した時間，正答率などの学習データをリアルタイムで収集，分析する。従来のドリルでは活用できなかった教育データを自動で収集・分析しながら，子供の学習上のつまずきを把握することが可能になった。

　このような教育DXの展開は，平成29年告示の学習指導要領で明示された育成すべき資質・能力の三つの柱のうちの「知識及び技能」の習得に有効である。従来では，子供の普段の授業の様子と，ドリルやテストへの取り組み状況をもとに，教師が子供の習得状況を判断してフィードバックしていた。それに対して，AI教材では，子供が問題に取り組む際に収集されるデータから子供が既有の知識（あるいは不足する知識）を検出したり，それをもとに次にどのような問題に取り組むべきか提案したりする。このようなAI教材を用いた学習は，知識や技能を習得するプロセスを従来のものから変容し，学習する子供からすれば取り組むべき学習の目標と内容とが明確になる。

(2)　教育DXは算数科の深い学びに何をもたらすか

　上記の教育DXで用いられるデジタル技術は，子供の学習をモニタリングし，コントロールする機能を有していた。教育DXを算数科の「深い学び」でも実現し「思考力・判断力・表現力等」を育成するためには，学習の中で活用するデジタル技術を子供自らが選択し，自分でコントロールするような，すなわち探究の道具として学習に位置づける必要がある。STEAM Libraryで提案されているように，算数科の学習において習得した知識を活用して実社会などの様々な問題を探究するというプロセスにおいて，子供がデジタル技術を用いて情報収集をしたり，クラウドベースのアプリを用いて数学的に表現しながら条件を探ったりすることで，これまでは遠い存在で考えたことのなかった実社会の問題につい

て数学的な見方・考え方を働かせながら考察したり，学習を進めたりする大きなきっかけになるのではないだろうか。

アナログな技術を用いた問題発見・解決では，数量関係を式，または表やグラフとして表現するための基盤となる知識・技能がなければ，その時点で問題を考えるプロセスは行き詰まってしまった。しかし，教育DXではGeoGebraやDesmos，Grapes，Photomathなどのクラウドベースのアプリを活用して数学的表現（表・式・グラフ）を生成することで，生成した表現から数量関係を把握したり，データの分布や傾向を読んだり，シミュレーションしたりすることが可能となる。このように数学的表現を生成するプロセスがデジタル技術によって大きく変容されることで，数学的に表現することが苦手な子供にも問題発見・解決をする際の思考を実体験させることが可能になる。つまり，従来の学びの過程では習得の後に位置づけられていた「活用」と「探究」を先に体験しながら，知識及び技能を「習得」したり，それらを関連づけて深く理解したりするような新たな学びの過程が創出されることが期待される。

【引用・参考文献】
中央教育審議会（2016），幼稚園，小学校，中学校，高等学校及び特別支援学校の学習指導要領等の改善及び必要な方策等について（答申）．
井上義和・藤村達也（2020），教育とテクノロジー－日本型EdTechの展開をどう捉えるか？－，教育社会学研究107，135-162.
経済産業省（2018），DXレポート～ITシステム「2025年の崖」の克服とDXの本格的な展開～，
　　https://www.meti.go.jp/shingikai/mono_info_service/digital_transformation/pdf/20180907_03.pdf
経済産業省（2020），DXレポート2（中間取りまとめ），
　　https://www.meti.go.jp/press/2020/12/20201228004/20201228004-2.pdf
経済産業省，EdTechライブラリー，
　　https://www.learning-innovation.go.jp/edtech-library/
国立教育政策研究所（2019），OECD生徒の学習到達度調査（PISA）～2018年調査補足資料（生徒の学校・学校外におけるICT利用）～.
　　https://www.nier.go.jp/kokusai/pisa/
文部科学省（2023），義務教育段階における1人1台端末の整備状況（令和4年度末時点），
　　https://www.mext.go.jp/a_menu/other/mext_00921.html
OECD（2021），OECD Digital Education Outlook 2021: Pushing the frontiers with AI, blockchain, and robots.（濱田久美子（訳）（2022），『OECD教育DX白書 スマート教育テクノロジーが拓く学びの未来』，明石書店）
Stolterman, E. & Fors, C, A.（2004），Information technology and the good life. Information Systems Research Relevant Theory and Informed Practice, 687-692.

3 カリキュラム・マネジメントをいかに 捉えていくか
―教科等横断的に資質・能力を育成するために必要なこと―

1 「学びの地図」を描く

目の前の子供と関わる中で，教師が向き合っている問いは，どのようなものだろうか。

・この子には，何ができるようになってほしいだろうか？

・この子は，何を学ぶことが必要だろうか？

・この子は，どのように学ぶのがよいだろうか？

・この子の学びの環境を整えるためには，何が必要だろうか？

・この子の学びを，どのように支援することができるだろうか？

・この子には，学びを通して何が身に付いただろうか？

日々教師は，それぞれの学校が位置づく地域の実情の中で，目の前の子供の成長を願い，子供とともに学びをつくることに取り組んでいる。その際には，子供の知的な喜び，驚き，苦悩などの様々な表情を肌で感じ，それを手がかりに上述のような問いに対する判断を積み重ねていることだろう。こうした手触りがなければ，子供にとっても教師にとっても，生きた学びにはなっていかない。

しかし，手触りだけを頼りにしていたのでは，向かうべき方向性を見失ってしまうことにもなりかねない。例えば，旅先では街中を散歩することで美しい景色や，その地に生きる人々の息遣いと出会うことができる。これは，街の外から俯瞰した地図を見ているだけでは，体感できないことである。しかし，旅先での出会いを楽しめるのは，今どこを歩いているのか，地図から現在の立ち位置を把握できているからだろう。そして，旅先での記憶が地図記号と紐づき，同じ地図を見たとしても感じ取る事柄が各人各様となっていく。街の外から全体を俯瞰することと，

街の中に降り立ち人々と具体的に関わりながら街を味わうことの双方が混じり合いつつ，個人に固有な知は形成されていく。

　冒頭の6つの問いは，中央教育審議会答申（2016）において，学習指導要領等が「学びの地図」としての役割を果たすために，改善に向けた視点として示された項目である。

図1　カリキュラム・マネジメントのイメージ（中央教育審議会（2016）補足資料をもとに作成）

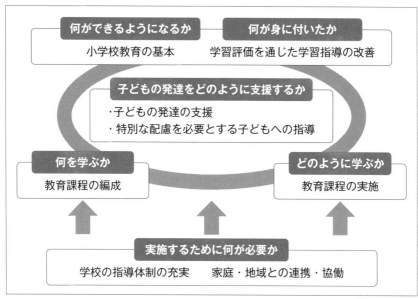

　教育課程や学習指導要領等は，「学校教育を通じて子供たちが身に付けるべき資質・能力や学ぶべき内容などの全体像を分かりやすく見渡せる『学びの地図』として，教科等や学校段階を越えて教育関係者間が共有したり，子供自身が学びの意義を自覚する手掛かりを見いだしたり，家庭や地域，社会の関係者が幅広く活用したりできるものとなること」が意図されたものである（中央教育審議会, 2016, pp.20-21）。本節では，教育課程や学習指導要領等が提供する「学びの地図」からさらに街に近づいた地図，つまり児童や学校，地域の実態を踏まえた「学びの地図」をそれぞれの教師が描くための手がかりについて，「カリキュラム・マネジメント」という語を軸に考えていきたい。

2 子供の学びをマネジメントする

「教育課程」と「カリキュラム」という二つの用語は，どのような意味の違いがあるのだろうか。「教育課程」は，平成29年告示小学校学習指導要領解説「総則編」に以下のように記されている。

図2　教育課程とは（文部科学省，2018a, p.11,下線部は筆者による）

学校において編成する教育課程については，学校教育の目的や目標を達成するために，教育の内容を児童の心身の発達に応じ，授業時数との関連において総合的に組織した各学校の教育計画であると言うことができ，その際，学校の教育目標の設定，指導内容の組織及び授業時数の配当が教育課程の編成の基本的な要素になってくる。

この記述から，教育課程は，各学校が学校教育の目的や目標を踏まえて編成する，教育計画であると解釈できる。そして，この「教育課程に基づき，組織的かつ計画的に各学校の教育活動の質の向上を図っていくこと」が「カリキュラム・マネジメント」であると，学習指導要領「総則」に記されている。

一方で，「カリキュラム」という語は，教育課程と比較して，一般的に，より幅広く多義的に用いられている。例えば，IEA（国際教育到達度評価学会）が4年に1度実施する国際数学・理科教育動向調査（TIMSS）では，「意図されたカリキュラム」「実施されたカリキュラム」「達成されたカリキュラム」という三層構造でカリキュラムを捉えている（Mullis & Martin, 2017）。この視点の優れている点は，それぞれの層の内実が必ずしも一致しないことに，我々の意識を向けてくれることにある。実際，学習指導において教師は，学習指導要領で示されたこと（意図されたカリキュラム）は参照しつつ，子供の実態に応じて柔軟に計画を変更しながら授業を展開する（実施されたカリキュラム）。あるいは，同じ教室での授業を受けていたとしても，それぞれの子供が学ぶこと（達成されたカリキュラム）は完全には一致しないだろう。

図3 カリキュラムの三層構造（Mullis & Martin（2017）の図を翻訳）

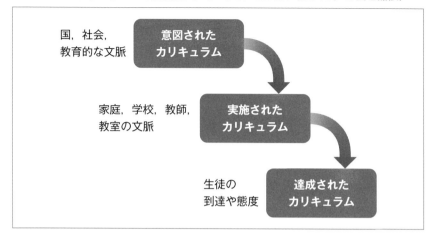

　これまで「カリキュラム」という語には，研究者によって様々な意図が込められてきた経緯があることを確認した上で，田村（2022）は，「カリキュラムの概念は子供に『学ばれたこと』を含意する」という立場をとることを表明している。そして，カリキュラム・マネジメントの捉えを次のように提案している。

図4　田村によるカリキュラムマネジメントの捉え（田村，2022,p.17）

カリキュラムマネジメント[1]では，子供の学びに着目し，そこを起点として，授業や指導計画をより適切かつ効果的なものにするためには，どうすればよいのかと発想する。大胆に換言すればカリキュラムマネジメントは，『子供の学びのマネジメント』といえる。

　子供にどのような認知的な変化があったのか，学びに向かう姿勢にどのような変化があったのかなど，カリキュラムの三層における「実施されたカリキュラム」を精緻に捉えていくことは，意図されたことや，実施されたことを見直していく上で欠かせない。田村の指摘は，子供の学びを起点に物事を発想することの重要性を再確認させてくれる。本節では，「子供の学びのマネジメント」という視点から，教育活動の質の向上を考えていきたい。

3 カリキュラム・マネジメントに大切な三つの側面

　平成29年告示の学習指導要領は,「内容ベイス」から「資質・能力ベイス」へと大きな転換を迎えた点に特徴がある。これは,「何を知っているか」にとどまらず,それらを使って「何ができるようになったか」という,問題解決の実行可能性が問われることになったことを意味する（奈須, 2021）。算数・数学の問題発見・解決の過程を考えると,数学の事象について統合的・発展的に考える過程については,算数科の中で子供たちが主体的に取り組めるようにすることが大切である。他方で,日常生活や社会の事象を数理的に捉えて問題解決をする過程については,教科等を横断して子供の経験を捉えて内容を組み立てていくことが必要なこともあるだろう。そのためには,算数科における学習の充実はもとより,教科等間の内容事項について,相互の関連付けや横断を図る手立てや体制を整える必要がある。また,実施した内容について,成果を評価し,カリキュラムの再構成や授業改善につなげていくことも重要である。これらのことは,カリキュラム・マネジメントに大切な「三つの側面」として,中央教育審議会（2016）「答申」に記されている。

図5　カリキュラム・マネジメントに大切な三つの側面

> １．教科横断的な視点で学びを組み立てる
>
> 　各教科等の教育内容を相互の関係で捉え,学校教育目標を踏まえた教科等横断的な視点で,その目標の達成に必要な教育内容を組織的に配列していくこと
>
> ２．PDCAサイクルを確立する
>
> 　教育内容の質の向上に向けて,子供たちの姿や地域の現状等に関する調査や各種データ等に基づき,教育課程を編成し,実施し,評価して改善を図る一連のPDCAサイクルを確立すること
>
> ３．人的または物的な体制を確保する
>
> 　教育内容と,教育活動に必要な人的・物的資源等を,地域等の外部の資源も含めて活用しながら効果的に組み合わせること

次期学習指導要領の改訂を見据えた中央教育審議会（2021）「答申」では，カリキュラム・マネジメントの重要性がより一層強調されている。特に，生徒の能力や関心に応じたSTEAM教育の推進が重要な柱の一つとなっている。このSTEAMのAは，芸術，文化のみならず，生活，経済，法律，政治，倫理等を含めた広い範囲（Liberal Arts）で定義され，実社会につながる課題の解決等を通じた問題発見・解決能力の育成が目指されている。その過程では，レポート等の形式で課題を分析しまとめることなどを通じた言語能力や情報活用能力の育成や，芸術的な感性も生かした創造性の涵養など，教科等横断的な視点に立って，現代的な諸課題に対応して求められる資質・能力を育成していくことが重要である。

４ 教科等横断的な視点からのカリキュラム・マネジメントの例

子供の経験を起点に教科等横断的な学びを発想するカリキュラム・マネジメントの具体例として，「アサガオを育てる」ことに関わる学びの展開を挙げたい。小学校第１学年では，生活科でアサガオを育てる活動をすることが考えられる。アサガオを育てる活動を通して，植物の変化や成長の様子に気付くとともに，植物も自分と同じように生命をもって成長していることに気付き，植物に親しみをもち大切にできるようにしていく。種との出

図6　アサガオの栽培

会いの場では，目で見る，手で触る，においをかぐなど，いろいろな観点から観察をして，種への関心や親しみを深めていく。

子供たちは，毎日の水やりを通してアサガオの変化に気付いていく。このとき，つるがぐんぐん伸びてゆく様子を目にして，「長さ」に関心をもち，比較の方法を考えたり，適切な大きさの媒体物を探して長さを比較したりする活動が生まれることが考えられる。これは，「測定」領域に関わる学びとなる。長さという量に関心をもって調べたり，大きさ

の比べ方を見いだそうとしたりすることを通して育成される資質・能力は，第2学年以降の様々な量の大きさの測定や数値化などの学習に生かされていく。

　子供たちが発見した植物の変化を観察カードに書く活動を継続することは，国語科と連動した学びとなる。特に，子供たちにとって，大切に育ててきたアサガオの花が咲いたときに感じる喜びは格別である。ひらがなを学び終えた時期の子供たちが，伝えたい思いに支えられながら，言葉の使い方を学んだり，よりよく伝え合うための文の構成について学んだりする機会を設定することができる。また，アサガオの花や葉を用いて，押し花をしたり，たたき染めによって絵に表す活動をすることも考えられる。これは，花や葉の感触を体で感じながら，色や形などと豊かに関わる資質・能力を育成する図画工作科の学びになる。

　観察カードが蓄積されると，記録されたデータが異なる観点から整理できることに子供たちは気付いていく。例えば，アサガオの花の色は，青，赤，紫と一つではないことに気付く。また，咲いている花の数も日々変化していることに気付く。このように，観察した事柄をもとに，「整理する観点によって並び方を変えると，同じ資料でも絵グラフが変わり，よく分かることも変わることを感じること」（文部科学省，2018b，p.101）は，第1学年の「データの活用」領域の学習内容に位置づく。第1学年で培われたデータを整理する観点への関心は，第2学年で知りたい対象によって着目する観点を設定することや，第3学年で観点に基づき表に分類したりグラフにまとめたりすること，第4学年で複数の観点から2つの項目を選んで分類整理することなどにつながり，特徴や傾向を捉えて，適切に判断できるようにするための学習の基盤となっていく。

　花が枯れたあとに種をとる活動を行うことで，はじめに植えた一粒の種からたくさんの種ができる不思議さや，生命のつながりに気付いていくことを生活科では大切にする。このとき，1つの花からとれる種の数にばらつきがあることに関心をもつことは，「データの活用」領域の学びの観点から重要である。また，いくつ種がとれたのかを数えたくなる

気持ちが生じることから，数のまとまりに着目して数え方を考えることや，2位数の表し方を理解するといった「数と計算」領域の学習につなげていくことも可能である。さらに，自分たちが2年生からアサガオの種をもらったように，新1年生に種をプレゼントすることを考えるときには，数のまとまりに着目し，同じ数ずつ等分するといった数学的な見方・考え方が働く。

　このように，アサガオを育てるという子供の経験の中には，複数の教科等の学びとの接点を見いだせるとともに，数学的な見方・考え方を働かせる契機が随所に存在しているといえる。しかし，その契機を生かすためには，教師が数学的な見方・考え方が働く環境を計画的に構成したり，活動の場面に応じて様々な役割を果たしていく必要がある。そして，具体的な子供の姿を根拠とした評価から，改善の視点を見いだしていくことが求められる。ここではアサガオを育てるという具体例を挙げたが，すでに行われている教育実践の中には，数学的な資質・能力の育成につながりうる子供の経験が，様々にあると考えられる。カリキュラム・マネジメントとは，授業に関わる教師すべてがその主体となり，こうした日々の実践を見直して，子供とともに楽しみながら，学びをマネジメントしていくことであると捉えたい。

図7　アサガオを育てることに関わる学びの展開例

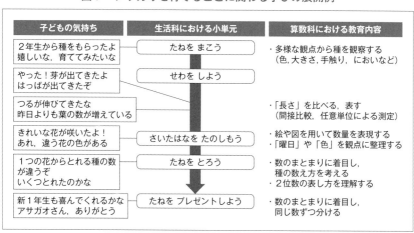

5 意味の網目を紡ぐこと

　中央教育審議会（2016）「答申」には，カリキュラム・マネジメントに大切な三つの側面として，第一に，教科横断的な視点で学びを組み立てること，第二に，PDCAサイクルを確立すること，第三に，人的または物的な体制を確保することが記されていることを先に述べた。最後に，この第二の側面に焦点をあてたい。PDCAとは，計画（Plan），実施（Do），評価（Check），改善（Action）の頭文字を指す。カリキュラム・マネジメントが単なる計画で終わらないために，実際に計画にしたがって実施し，その状況を評価して，改善を行っていくことで，教育活動の質の向上を図っていくことが重要である。このPDCAのサイクルは，単元や授業といった短期スパンで行うものと，年度などの長期スパンで行うものの双方が考えられる。前者では，年度初めに策定した教育目標や指導計画を拠り所とした評価が，一方で後者では，教育実践の枠組みそのものを問い直すような評価が求められる。このように，どの次元に位置づくPDCAサイクルを評価しているのかを意識しつつ，学校や子供の状況に応じて教育計画を適宜見直しながら進めていくことが大切である。

　評価に関わって，田村（2022）による重要な指摘を最後に参照したい。それは，評価は人が行う価値判断であるゆえに，そこには当然主観が入り込むということである。これは，教師経験や知識の違いにより，同じ事実を見ていたとしても，具体的状況の中から問題として同定することや，子供の行為の解釈が異なってくることを意味する。したがって，「複数の評価者間や被評価者の間で，自分にはどう見えたのか，なぜどのように判断したのかについてのコミュニケーションにより，評価の信頼性，妥当性，納得性，有用性を高めることが必要」（p.94）であると田村は指摘する。この集団的な省察により，「教員の『みとり』の力量（鑑識眼）や指導力」（p.94）を向上させていくことが重要なのである。

　ある事実を目の前にしたとき，人はそこに固有の意味を与えていくという視点は，クリフォード・ギアツが述べた次の一節を思い起こさせる。

> "man is an animal suspended in webs of significance he himself has spun"
> "人は，自らが紡ぎ出した意味の網目の中で生きる動物である"[2]
>
> （Geertz, 1973, p.5）

　教育という営みの中で，教師は自らが紡ぎ出した意味の網目の中で生きており，同時にまた子供たちも，自ら意味の網目を紡ぐ存在である。この子は，どんな意味を紡ぎ出しているのだろうか？　そこにどんな喜びや葛藤を感じているのだろうか？　他者から与えられるのではなく，自らが紡ぎ出していることのかけがえのなさと，各人によって紡ぎ出された意味から生じる学びの広がりや深まりに，心を寄せていきたい。

【註】
(1)行政文書においては「カリキュラム・マネジメント」と「・」を含む表記が用いられているが，学習指導要領に明記される以前の研究では「・」のない表記が一般的であったことや，カリキュラムとマネジメントを分離せずに「つなぐ」という意図も込めて，田村（2022）では筆者の主張に関わる部分は「カリキュラムマネジメント」と記載されている。
(2)日本語訳は，次の書籍から引用：宮野真生子・磯野真穂（2019），『急に具合が悪くなる』，晶文社.

【引用・参考文献】
田村知子（2022），『カリキュラムマネジメントの理論と実践』，日本標準.
中央教育審議会（2016），「幼稚園，小学校，中学校，高等学校及び特別支援学校の学習指導要領等の改善及び必要な方策等について（答申）」.
中央教育審議会（2021），「『令和の日本型学校教育』の構築を目指して～全ての子供たちの可能性を引き出す，個別最適な学びと，協働的な学びの実現～（答申）」.
奈須正裕（2021），「資質・能力ベイスの教育課程を支えるカリキュラム・マネジメント」，新しい算数研究，601, 4-7.
文部科学省（2018a），『小学校学習指導要領（平成29年告示）解説　総則編』，東洋館出版社.
文部科学省（2018b），『小学校学習指導要領（平成29年告示）解説　算数編』，日本文教出版.
Geerts, C.（1973）, The Interpretation of Cultures. Basic Books, Inc.
Mullis, I. V. S., & Martin, M. O.（Eds.）.（2017）. TIMSS 2019 Assessment Frameworks. Retrieved from Boston College, TIMSS & PIRLS International Study Center website: http://timssandpirls.bc.edu/timss2019/frameworks/

第4章　算数教育の今日的課題と未来はどうするのか

4 目指すべき算数・数学教育への期待と課題
ーこれからの授業改善に向けた着眼点は何かー

1 現行学習指導要領の改訂の趣旨

　子供たちに，情報化やグローバル化など急激な社会的変化の中でも，未来の創り手となるために必要な知識や力を確実に備えることのできる学校教育を実現するために，今回の学習指導要領は改訂された。

　私が子供の頃は，電車の切符を買うのだって，飛行機の航空券を取るのだって，窓口で人を介して購入していた。今は自動販売機やスマホで買える時代になった。このように，情報化社会の中で，ルーティーン化された仕事はどんどんコンピュータに変わっていく。その中で着目されるのが，人間ならではの強みを生かした仕事である。

　中央教育審議会「幼稚園，小学校，中学校，高等学校及び特別支援学校の学習指導要領等の改善及び必要な方策等について（答申）」（平成28年12月21日）には，「人間ならではの強み」として次のようなことが示されている。

　「多様な文脈が複雑に入り交じった環境の中でも，場面や状況を理解して自ら目的を設定し，その目的に応じて必要な情報を見いだし，情報を基に深く理解して自分の考えをまとめたり，相手にふさわしい表現を工夫したり，答えのない課題に対して，多様な他者と協働しながら目的に応じた納得解を見いだしたりすることができるという強みを持っている。」

　ここに示された内容は，算数教育で考えると，『小学校学習指導要領解説算数編』に示された「算数・数学問題発見・解決の過程」（次ページの図）に他ならない。とすると，このような授業の流れを行うことで，目的を見いだし自分で考えるだけでなく友達と協力して問題を解決する

過程そのものを学ぶことに，意味があるのである。

また，問題解決型の授業の中で，子供たちは，結果として，ある概念的知識や方法的知識を得ることになるが，その過程で，必然的に，思考・判断・表現を繰り返すことになるので，「思考力，判断力，表現力等」と「知識及び技能」を一体的に育むことができる。

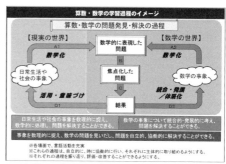

2 情報化の進展にかかわらず算数教育が必要な理由

一方，ChatGPTに代表されるオープンAIの進化は，ついに問題文を読んで式を立てるということまでコンピュータによって可能になったことを意味している。今までは，式を見せれば，電卓などを使うことで答えを出してくれるまでだったが，場面を式に表すこともコンピュータができるようになった。

ここで，電卓が普及している現状でも，計算の仕方を考えたり，筆算で計算したりすることはなくならなかったことを思い出そう。実際，明治時代のように，4位数や5位数など桁数の多い計算を習熟することは算数科の学習内容としてはなくなった。けれども，2位数や3位数の計算など，この先の学習の基礎となる考え方を含む計算の仕方を考えることや習熟すべきことは最低限必要なこととして残ったのである。

例えば，ひき算では，繰り下がりが波及する場合がある。このことを考える際には，3位数からひく計算が必ず必要である。だから，2年生では，3位数まではしっかり扱うのである。またかけ算については，中学校以降の学習で，$(a+b+c)(x+y+z)$ を展開することが出てくることを考えると，このことの具体である，3位数同士のかけ算までは，計算の仕方を考え筆算で計算することができることは，今後の学習の基礎として必要なことであろう。

これらの計算をもとにすれば，これらより大きい数の計算の仕方は，子供たちは，類推的に考えることができるはずである。だから現行の学習指導要領では，第4学年に，発展的に大きな位の整数の計算を考える内容が位置づいている。

　同様に，オープンAIによって，コンピュータが式を立てられるようになっても，立式の指導がなくなる必要はない。なぜなら，コンピュータが立てた式が正しいかどうか判断することは，人間の仕事としてなくならないからである。このときこの演算をしてよいかどうかを判断するためには，その演算の意味が理解できていなければならない。小数のかけ算がどういう場面で用いられるのか，分数のわり算はどのような場面で用いられるのかを知っていなければ，コンピュータが立式したことを判断することはできない。

　これらのことは，p.147の図の問題発見・解決の過程の中で，左側のサイクル，日常生活や社会の事象の問題の解決をする際に必要となることである。

　一方で，計算の仕方を考えることも，コンピュータがいかに進化しても学習内容としてなくなることはない。例えば，分数のわり算で，除数の分子と分母とを入れ替えてかければ計算できることを見いだすことは今後の学習内容としても必要なことである。というのは，この学習は算数・数学を創ることになるからである。すなわち数学の事象の問題解決として欠かせないのである。

3 統計教育の充実

　いくらコンピュータが進化して，1人1台端末が子供たちに配られても，コンピュータが出した結果を，判断するのは人間である。電卓で計算した結果を信用しないで，もう一度同じことを繰り返したり，コンピュータで出した結果を信用しないで，別の観点でもう一度処理させたりすることで，その結果を信用していいのかどうかを判断する。これは人間の仕事である。

このようなことは、「データの活用」領域の統計の学習でも同じである。

コンピュータを用いれば、多くのデータがあったとしても、いろいろな代表値を求めたり、ヒストグラムに表したりすることは一瞬でできるようになった。けれども、出た結果をもとに、どの代表値を用いて判断してよいのかを考えるのは人間である。目的に応じて、またデータの特徴や傾向をヒストグラムなどのグラフで捉えた上で判断するのである。つまり、ある統計的指標を用いて判断するためには、その統計的指標についての深い理解が伴わなければならない。

小学校でもデータの活用の授業実践が見られるようになったが、多くの実践で誤解されていることがある。例えば、「どちらのチームの方が大縄をよく跳んだと言えるでしょうか」という問いの場合、度数分布表や柱状グラフを書き、さらに、平均値や最頻値、中央値、最大値、最小値などを計算する。「Aチームの方が、平均値でも、最頻値でも、最大値でも高いから、Aチームです」などの発言に、授業者は、子供たちは多面的に判断しているから素晴らしいと賞賛するのである。

そうではない。この場面においては、どの代表値を用いて判断するといいのか。代表値の意味をもとに、その代表値を用いるときの留意点を踏まえて判断することが大切である。

例えば、ある問題場面で、平均値を用いて判断していいのかは、データをヒストグラムで表し、外れ値や偏りがないか調べる必要がある。平均値は外れ値に影響されやすいということを知らないで、平均が大きいからという理由だけで物事を決めることは恐ろしいことである。どの靴を仕入れたらよいのかは、一般には最頻値を用いて判断するとよい。このことを理解していることは、平均値との違いとして大切である。学級という集団の中で自分はどこにいるのかを知りたいのなら中央値である。つまり、代表値の意味や使うときの注意をよく知った上で、適切な代表値で判断することが大切である。代表値の意味や使い方を理解させる指導を充実させて、適切に判断できる子供たちを育成してほしい。

4 第4学年「簡単な場合についての割合」の授業の改善

　今回の学習指導要領で，第4学年の「C 変化と関係」領域の指導内容に，以下のように「簡単な場合についての割合」が入った。

> (2)　二つの数量の関係に関わる数学的活動を通して，次の事項を身に付けることができるよう指導する。
> 　ア　次のような知識及び技能を身に付けること。
> 　　(ア)　簡単な場合について，ある二つの数量の関係と別の二つの数量の関係とを比べる場合に割合を用いる場合があることを知ること。
> 　イ　次のような思考力，判断力，表現力等を身に付けること。
> 　　(ア)　日常の事象における数量の関係に着目し，図や式などを用いて，ある二つの数量の関係と別の二つの数量の関係との比べ方を考察すること。

　ここで，「割合を用いる場合があることを知る」とは，単なる「倍」を「割合」という言葉で言い換えてよいことを知るという意味ではない。「差」で比べるときもあれば，「倍」で比べるときもあるということを知るという意味でもない。二つの数量の関係が，比例関係の場合は商が一定になるので，その場合は，商（倍）で比べることを学ぶのである。

　実際，『小学校学習指導要領解説算数編』(pp.218-219) には，次のように書かれている。

> 　「平ゴムAと平ゴムBがあります。平ゴムAは，50cmが150cmまで伸びます。平ゴムBは，100cmが200cmまで伸びます。どちらがよく伸びるゴムといえますか。」という問題場面がある。
> 　平ゴムAが，50cmが150cmまで伸びるということは，10cmが30cmまで伸び，20cmが60cmまで伸び，…ということである。平ゴムBが，100cmが200cmまで伸びるということは，10cmが20cmまで伸び，20cmが40cmまで伸びるということである。つまり，ここでも平ゴムAとBについて，「もとの長さ」と「伸びた長さ」の間の割合がいつでも変わらないので，割合で比べることができる。
> 　このように，基準とする数量が異なっていても，割合が変わらないとき，割合で比べることができる。

参観させていただく授業では、「A数と計算」の「小数を用いた倍」の学習に続いて行われることが多いが、その場合は、子供たちは、昨日まで倍について学習していたから、倍で比べればいいと安易に考えてしまいがちである。

また、多くの実践では「50cmが150cmまで伸びた平ゴムA」と「100cmが200cmまで伸びた平ゴムB」を比べている。このような提示では、子供たちは、「結果的に200cmまで伸びているから、平ゴムBの方がよく伸びる」と考えてしまうだろう。

この学習の位置付けや、問題場面の提示の仕方を工夫することが重要である。例えば100円ショップでは「強力ゴム」と「ソフトゴム」が売られている。一般には、「強力ゴム」を用いるが、赤ちゃんのお肌に優しいのは「ソフトゴム」である。そこで「平ゴムAと平ゴムBでは、どちらのゴムが『ソフトゴム』なのか」を問うのである。そうすることで、50cmに切ったゴムと100cmに切ったゴムという比較ではなく、ゴムの素材そのものがどうかという話になるからである。

さらに、解説で示された平ゴムAとBでは、以下のような関係を表にかくことができる。

平ゴムA

もとの長さ（cm）	10	20	30	40	50	……
伸びた長さ（cm）	30	60	90	120	150	……

平ゴムB

もとの長さ（cm）	10	20	30	40	……	100
伸びた長さ（cm）	20	40	60	80	……	200

これらのゴムは、もとの長さが変わっても、「伸びた長さ÷もとの長さ」は一定である。平ゴムAは3倍。平ゴムBは2倍。このことを踏ま

えて，平ゴムAがソフトゴムであると判断することができる。平ゴムという素材は，どちらも基準量が変わっても割合が変わらないことを確認することを通して，商で比べることを見いだしていくのである。

　このような考察をすることが必要であることを考えると，私は，この内容は，「小数を用いた倍」の学習のすぐ後に学習するのではなく，「変わり方」の単元の後に行うのがよいと思う。

　「解説」で示した，トマトとミニトマトの値上げの問題も同じである。「1個100円が200円になったトマト」と「1個50円が150円になったミニトマト」というトマトとミニトマト単品で比べる場面ではなく，そういう値上がり方をしたトマト全体とミニトマト全体を比べる場面で，どちらの方が値上がりが大きいかを判断させなければならない。単品で考えるなら，実際に値上がりした後の値段が高い方が，もしくは実際に値上がりした差が大きい方が，より値上がりしたと判断しても仕方がない。

　以上のように，新たに入った内容については，実践が少しずつ行われてきているが，その趣旨が完全に伝わっているとは言えない状況である。今後の実践の積み重ねを期待したい。

5 目標に示された「統合的・発展的に考えること」について

　算数科の目標に「統合的・発展的に考える」ことが文言として入った。しかし実際の授業では，なかなか実現していない。私は，統合的・発展的に考えるとは，統合を意識して発展させて考えることと捉えている。「この考えは，このように数を大きくしても使えるのかな」「このようなことは，図形を変えても同じようなことが言えるのかな」と考える思考である。単に，数を大きくしてみよう。図形を変えてみようというのではないのである。

　統合的・発展的に考えることで大切なことは，類推的思考なのではないかと，考えるようになった。

　類推的思考とは，あっさり言えば，「似たように考えてみよう」ということである。

「二等辺三角形ＡＢＣの等辺ＡＢとＡＣ上に，ＡＤ＝ＡＥとなる点Ｄ，Ｅをそれぞれ打つとき，ＢＥ＝ＣＤになる」という命題を証明する学習が中学校でなされることがある。このとき，点ＤとＥをそれぞれＡＢとＡＣの延長上に取ったらどうなるかを考え，証明する学習が次に続く。この後の証明をするとき大事なのは，新たにゼロから考えるのではなく，最初の証明をもとにして類推的に考え，同じところはそのまま使い，違うところのみ変えて証明を完成させることである。

　中学校で学習する，このような類推的な思考を意図している発展的な思考は，小学校でも大切にしたい考え方である。

　長方形を組み合わせた図形の面積を考えるときに使ったアイディアが，いつでも使えるのか，この場合だけが使えるのかを知ること。逆に，今回は，どういう場合だったから，この考えが使えたのか。このようなことを考えることが，中学校での証明の学習につながっていく。

6 「思考力，判断力，表現力等」の育成を目指す授業とは

　算数教育を牽引してくださっている方の授業が高まることも大切であるが，小学校で普通に行われている多くの授業が変わることが私は一番大切であると考えている。現場で行われている算数の授業は多様である。以下に紹介する。

a．子供が単に形式的なやり方や答えを説明し合うだけの授業

　子供が主体的に教え合うことが教育で最上のものだと捉えていて，先生が子供に教えることを放棄しているのではないだろうか。この授業で算数が苦手な子供は本当に救われているのだろうか。算数が苦手な子供が分かるためには，分かりやすい説明を受けなければならないが，教室の子供たちは分かりやすい説明をすることができているのだろうか。それ以前に，指導している先生が，算数が苦手な子供に分かりやすく教えることができるのだろうか。このような授業をされている先生は，実は先生自身が説明することができないのではないだろうか。だとしたらま

ず，子供が分かるために何をしたらよいのか教材に沿って理解すること
が必要である。先生は，まず自分が算数が苦手な子供に対して，その子
の分からないことを理解し，どのように説明したら分かってくれるのか
も知った上でそのことが実際にできることが求められる。

b．先生が説明して，子供は単に計算して答えを言うだけという一方的な授業

先生が分かりやすい説明ができるようになることは大切である。その
ことができる先生が解説してくれるので，子供はその答えが何かは分か
る。YouTubeの動画で説明を受ける授業のようなものである。けれど
も子供が説明することはない。子供に，知識及び技能を理解させること
のみを意図した授業。このとき子供の思考力，判断力，表現力等を育成
することは，教師の意図にはないのではないだろうか。

c．子供に考えさせ，子供が考え答えを発表するが，分からない子供，つまずいている子供がいるにもかかわらず，「いいです。同じです」の言葉を真に受けて，その後，何も説明しない授業

先生が教え込むことはだめだと指導されているので，まず子供に考え
させる授業をしているが，算数が得意な子供の考えで授業を進めている。
けれども，その中で，つまずいている子供がいることに気が付かないの
で，どんどん進めてしまう。つまずいている子供は，理由はよく分から
ないけれども，これが正しいと言われるので，ノートに正しい答えは書
いている。けれども理解していない。だから，いつでも自分の意見に自
信がもてず，ノートに書いてもそれを手で隠してしまう。

d．子供が考えたことを発表した後「いいです。同じです」の言葉を聞いても，分からない子がいることを知っているので，先生がもう一度説明する授業

このときの先生の説明が分かりやすければつまずいている子供のため

になる。もし分かりにくければ，先生の説明に対して質問することはほぼできないので結局分からないままになる。一方，説明した子供の説明ではつまずいている子供は理解できなかったわけだが，説明した子供にはそのことが理解できない。

　私は，以上のような授業が多く行われていると感じている。

　まずは，今回の改訂の趣旨に基づき，知識及び技能のみを育成するのではないと，すべての先生が思うことが大切である。そして，子供が思考力，判断力，表現力等を育成することができるように授業を改善していきたい。けれども多くの授業では，算数が得意な子供のみで授業が進められている。とすると，算数が得意な子供は，授業で伸びるが，苦手な子供はつまずきに対する先生のフォローがないので，落ちこぼれていく。教室の子供たちの学力が二極化しているという話を聞くが，実は，二極化させているのはもしかしたら，先生が算数が得意な子供だけで授業を進めているからなのではないだろうか。

　そこで，これらの授業を以下のように改善したらいいのではないかと思っている。

e．子供が考えたことを発表した後，先生は，子供の説明が理解できたのかどうかを確認し，その子供の説明の中で不明確な部分について「～はどうしてですか」と全体に問い，別の子供が説明する授業

　先生が質問しているのだから，子供の発表が先生に向かうのは当然である。けれども，実は先生の質問は，すべての子供が答えることができるようになることを意図している。だから，教師は，子供が発表したとき，そのことが他のすべての子供が理解したのかどうか聞く必要がある。けれども算数が苦手な子供は，「分かりません」とはなかなか言えない。だから先生の出番である。分からない子供が分からないことを代わりに先生が質問する。そのことを通して，このことを分かりやすく伝えるためのポイントをクラスの全員に理解させていくのである。

f．分からない子供が分かるまで繰り返し説明させ，どういう説明なら，分からない子供に分かりやすいかを子供たちに伝える授業

　その中で，説明した子供は，少しずつ分かりやすい説明ができるようになる。けれども全員が分かりやすい説明ができるわけではない。

g．友達の分かりやすい説明を受けてペアで互いに説明し合う場を設けるなど，すべての子供が分かりやすい説明をする場面を取り入れる授業

　子供たちは長い説明をするのが苦手である。だから説明することが少なくなるように，授業のねらいを焦点化することが大切である。どのように焦点化したらよいかは紙面がつきた。別の機会としたい。

　思考力，判断力，表現力等とは，まず筋道を立てて考えることであった。そのことができたかどうかは，その式になる理由，その答えになる理由を，根拠をもとに説明できたかどうかで判断できる。答えが分かるだけでなく，全国のすべての子供が分かりやすい説明ができるようになる。そのために今の算数の授業を改善してほしい。

編著者

清水 美憲　筑波大学教授　　　　　　　　　　特別鼎談，第１章－１

齊藤 一弥　島根県立大学教授　　　　　　　　特別鼎談，第１章－２

池田 敏和　横浜国立大学教授　　　　　　　　特別鼎談，第２章－１

執筆者

清野 辰彦　東京学芸大学教授　　　　　　　　第２章－２

影山 和也　広島大学大学院准教授　　　　　　第２章－３

日野 圭子　宇都宮大学教授　　　　　　　　　第２章－４

高橋 丈夫　成城学園初等学校副校長　　　　　第３章－１

倉次 麻衣　お茶の水女子大学附属小学校教諭　第３章－２

八田 安史　横浜市立日吉南小学校副校長　　　第３章－３

久下谷 明　お茶の水女子大学附属小学校教諭　第３章－４

加固希支男　東京学芸大学附属小金井小学校教諭　第４章－１

榎本 哲士　信州大学講師　　　　　　　　　　第４章－２

舟橋 友香　奈良教育大学准教授　　　　　　　第４章－３

笠井 健一　国立教育政策研究所 教育課程調査官　第４章－４

カスタマーレビュー募集

本書をお読みになった感想を下記サイトに
お寄せ下さい。レビューいただいた方には
特典がございます。

https://www.toyokan.co.jp/products/5385

これからの算数科教育は
どうあるべきか

2023(令和5)年12月27日　初版第1刷発行

編著者：清水美憲・池田敏和・齊藤一弥
発行者：錦織圭之介
発行所：株式会社 東洋館出版社
　　　　〒101-0054　東京都千代田区神田錦町2丁目9番1号
　　　　　　　　　　コンフォール安田ビル2階
　　　　代　表　電話 03-6778-4343　FAX 03-5281-8091
　　　　営業部　電話 03-6778-7278　FAX 03-5281-8092
　　　　振　替　00180-7-96823
　　　　U R L　https://www.toyokan.co.jp

装　丁　水戸部 功
本文デザイン・組版　株式会社明昌堂
印刷・製本　株式会社シナノ

ISBN978-4-491-05385-1　　　　　　　　　Printed in Japan